孔子学院总部 / 国家汉办 | 编制
Confucius Institute Headquarters (Hanban)

CH00968577

汉语水平考试真题集

HSK

四级

2018 版

Official Examination Papers of HSK（Level 4）

孔子学院总部赠送
Donated by Confucius Institute Headquarters

人民教育出版社
PEOPLE'S EDUCATION PRESS

图书在版编目（CIP）数据

汉语水平考试真题集：HSK. 四级：2018版 / 孔子学院总部，国家汉办编制. —北京：人民教育出版社，2018.7
ISBN 978-7-107-32961-6

Ⅰ. ①汉… Ⅱ. ①孔… ②国… Ⅲ. ①汉语—对外汉语教学—水平考试—习题集 Ⅳ. ①H195.6

中国版本图书馆CIP数据核字（2018）第177924号

汉语水平考试真题集HSK四级（2018版）

出版发行 人民教育出版社
（北京市海淀区中关村南大街17号院1号楼 邮编：100081）
网　　址　http://www.pep.com.cn
经　　销　全国新华书店
印　　刷　北京盛通印刷股份有限公司
版　　次　2018年7月第1版
印　　次　2018年8月第1次印刷
开　　本　890毫米×1 240毫米　1/16
印　　张　8.75
字　　数　180千字
印　　数　0 001-3 000册
定　　价　68.00元

监　　制　　李佩泽　施　歌

策　　划　　张　园　李亚男

编　　委　　（按姓氏笔画顺序排列）

于　艳　王之岭　王亚男　白冰冰　刘小龙

汤　旭　李惠姣　李群锋　杨琳静　张　欣

欧阳潭　赵　璇　黄　蕾　解妮妮

责任编辑　　关晓阳　袁　硕

封面设计　　张傲冰

前　言

汉语水平考试（HSK）是孔子学院总部/国家汉办主办，汉考国际研发、实施的一项国际汉语能力标准化考试，重点考查汉语非第一语言的考生在生活、学习和工作中运用汉语进行交际的能力。

HSK 于 1984 年立项研发，1991 年正式开考。2009 年，为适应汉语国际推广新形势，孔子学院总部/国家汉办遵循"考教结合"的原则对 HSK 进行改版，增加了考试级别，扩大了考试覆盖面。2014 年出版《HSK 标准教程》，2015 年修订《HSK 考试大纲》，逐步形成了"教—学—考"三位一体的汉语综合能力培养体系。

随着中国对外交流的日益广泛和国际影响力、感召力、塑造力的进一步提高，全球参加 HSK 的考生人数也逐年增长。据统计，2017 年 HSK 考生数量已达 43.6 万人次。为了满足全球考生的强烈需求，孔子学院总部/国家汉办从近几年的 HSK 真题中精心挑选出部分高质量试卷，组织出版《汉语水平考试真题集》（2018 版）系列。该系列图书共 6 册，分别对应 HSK 一至六级，每册包含相应等级的 5 套精选真题，并配有答案、听力录音、听力文本和答题卡样例等。这是自 2015 版《HSK 考试大纲》全新面世以来，官方首次出版 HSK 真题资源。

《汉语水平考试真题集》（2018 版）旨在为广大考生提供实用、高效的备考指导，为全球汉语教学者和机构提供权威的参考资料和评估标准。我们真诚地希望可以"以考促学"，通过考试激发汉语学习者的兴趣；"以考促教"，利用真题为教师和学习者提供分级别、实用性强的汉语教学资源。此外，教师可以通过真题中典型语言任务的考查，对考生完成语言任务的能力进行评价，并为考生下一步的学习规划提供积极的反馈。

编　者

2018 年 5 月

目 录

孔子学院总部/国家汉办
Confucius Institute Headquarters(Hanban)

汉语水平考试
HSK（四级）

试 卷 一

注　意

一、HSK（四级）分三部分：

　　1. 听力（45题，约30分钟）

　　2. 阅读（40题，40分钟）

　　3. 书写（15题，25分钟）

二、听力结束后，有5分钟填写答题卡。

三、全部考试约105分钟（含考生填写个人信息时间5分钟）。

中国　北京　　　　　　　　孔子学院总部/国家汉办　编制

一、听 力

第一部分

第1-10题：判断对错。

例如：我想去办个信用卡，今天下午你有时间吗？陪我去一趟银行？

    ★ 他打算下午去银行。   （ √ ）

    现在我很少看电视，其中一个原因是，广告太多了。不管什么时间，也不管什么节目，只要你打开电视，总能看到那么多的广告，浪费我的时间。

    ★ 他喜欢看电视广告。   （ × ）

1．★ 房间还没有整理。   （   ）

2．★ 他们最后顺利登机了。   （   ）

3．★ 他想买个帽子。   （   ）

4．★ 家长们对那本书的印象很好。   （   ）

5．★ 那个菜非常酸。   （   ）

6．★ 要及时交表格。   （   ）

7．★ 年轻人不喜欢住在郊区。   （   ）

8．★ 网上能办签证。   （   ）

9．★ 他没买到车票。   （   ）

10．★ 习惯的养成需要一段时间。   （   ）

第二部分

第 11-25 题：请选出正确答案。

例如：女：该加油了，去机场的路上有加油站吗？

男：有，你放心吧。

问：男的主要是什么意思？

A 去机场　　　　B 快到了　　　　C 油是满的　　　　D 有加油站 ✓

11.　A 笑话　　　　B 考试　　　　C 一位作者　　　　D 重点词语

12.　A 邮局　　　　B 长城　　　　C 图书馆　　　　D 卫生间

13.　A 牛奶　　　　B 热水　　　　C 咖啡　　　　D 蛋糕

14.　A 不感兴趣　　B 没报上名　　C 没空儿上课　　D 老师太严格

15.　A 腿疼　　　　B 发烧了　　　C 感冒了　　　　D 发脾气了

16.　A 还在加班　　B 在等出租车　C 在上海出差　　D 礼拜天回国

17.　A 材料丢了　　B 传真机坏了　C 不能打印了　　D 少复印一份

18.　A 不爱热闹　　B 要陪亲戚　　C 要见房东　　　D 有些害羞

19.　A 长得帅　　　B 知识丰富　　C 钢琴弹得好　　D 数学不合格

20.　A 浪费时间　　B 容易被骗　　C 不敢出门　　　D 影响心情

21. A 皮鞋　　　　B 衬衫　　　　C 毛巾　　　　D 牙膏

22. A 散步　　　　B 打游戏　　　　C 参加比赛　　　　D 打乒乓球

23. A 天气差　　　　B 赶上春节　　　　C 地址错误　　　　D 航班推迟了

24. A 联系餐厅　　　　B 停车休息　　　　C 喝杯果汁　　　　D 吃点儿饼干

25. A 很优秀　　　　B 年龄大　　　　C 还没结婚　　　　D 感情不顺

第三部分

第 26-45 题：请选出正确答案。

例如：男：把这个材料复印五份，一会儿拿到会议室发给大家。

女：好的。会议是下午三点吗？

男：改了，三点半，推迟了半个小时。

女：好，六〇二会议室没变吧？

男：对，没变。

问：会议几点开始？

A 14：00　　　B 15：00　　　C 15：30 √　　　D 18：00

26.　A 想吃包子　　B 没拿零钱　　C 没力气了　　D 忘带钥匙了

27.　A 机场　　　　B 游泳馆　　　C 商店入口　　D 公共汽车上

28.　A 卖沙发　　　B 读博士　　　C 招聘新人　　D 做服务员

29.　A 客人名单　　B 电话号码　　C 电子邮件　　D 会议内容

30.　A 小吃街　　　B 警察局　　　C 世界公园　　D 首都饭店

31.　A 常常咳嗽　　B 皮肤不好　　C 正在减肥　　D 大夫要求的

32.　A 邻居　　　　B 钱医生　　　C 送空调的　　D 小区管理员

33.　A 护士　　　　B 记者　　　　C 导游　　　　D 司机

34.　A 不冷静　　　B 没热情　　　C 不自信　　　D 有其他任务

35.　A 经济原因　　B 楼层太高　　C 附近没地铁　　D 要陪女儿留学

36.　A 很瘦　　　　B 爱出汗　　　C 缺少运动　　　D 普遍戴眼镜

37.　A 多预习　　　B 多总结　　　C 积累经验　　　D 多吃水果

38.　A 方便　　　　B 安全　　　　C 付款快　　　　D 可以存钱

39.　A 速度慢　　　B 竞争大　　　C 很流行　　　　D 密码复杂

40.　A 要下雨了　　B 要刮风了　　C 天要转晴　　　D 气温下降

41.　A 生命科学　　B 亚洲节日　　C 阳光的作用　　D 大自然的语言

42.　A 民族文化　　B 社会问题　　C 生活烦恼　　　D 每天发生的事

43.　A 增加信心　　B 减轻压力　　C 减少误会　　　D 帮助练字

44.　A 1957 年通车　B 全长 1700 米　C 在两省中间　　D 禁止火车通行

45.　A 改变气候　　B 降低污染　　C 吸引游人　　　D 推动城市发展

二、阅 读

第一部分

第 46-50 题：选词填空。

A 流利　　B 道歉　　C 客厅　　D 坚持　　E 烤鸭　　F 好像

例如：她每天都（　D　）走路上下班，所以身体一直很不错。

46．我带的现金（　　　）不够，能刷卡吗？

47．他来中国才半年时间，汉语就已经非常（　　　）了。

48．厨房地方太小了，冰箱最好还是放在（　　　）里。

49．这件事确实是你做得不对，你应该向哥哥（　　　）。

50．这家店的（　　　）特别好吃，每天都有很多人排队来买。

第 51-55 题：选词填空。

　　　A 占线　　B 态度　　C 温度　　D 满　　E 动作　　F 允许

例如：A：今天真冷啊，好像白天最高（　C　）才 2℃。

　　　B：刚才电视里说明天更冷。

51．A：这几个（　　）太难了，我觉得自己跳不好。

　　　B：放松点儿，你的基础不错，多练几次就会好的。

52．A：小王的电话一直（　　）。

　　　B：直接给他发短信吧，告诉他见面的时间、地点就行了。

53．A：先生，打扰一下。这里是不（　　）照相的。

　　　B：对不起，我没注意。

54．A：老高对这件事情是什么（　　）？

　　　B：没反对，但他说要好好考虑一下。

55．A：刚刚那个售货员说了什么？

　　　B：她说购物（　　）398 元就可以免费参加商场的抽奖活动。

第二部分

第 56-65 题：排列顺序。

例如：A 可是今天起晚了

      B 平时我骑自行车上下班

      C 所以就打车来公司   <u>B A C</u>

56. A 我希望他以后能像老虎一样勇敢

      B 遇到任何困难都不害怕

      C 儿子是虎年出生的   <u>   </u>

57. A 恐怕是迷路了

      B 结果还是没有走出去

      C 我们已经在森林里走了一个多小时了   <u>   </u>

58. A 张老师是专门教汉语语法的

      B 都说她很厉害

      C 那些上过她课的学生   <u>   </u>

59. A 连十万块都不到，尤其适合女性开

      B 而且价格也不贵

      C 这辆红色的汽车，不但样子漂亮   <u>   </u>

60．A 爷爷很爱听京剧

B 偶尔还会跟着广播唱上几句

C 每天早上他都会听几段

＿＿＿＿＿＿＿＿＿＿

61．A 我更喜欢凉快的秋天

B 与暖和的春天相比

C 因为那时有满山的红叶，非常浪漫

＿＿＿＿＿＿＿＿＿＿

62．A 小李工作起来特别认真

B 他从来都不叫苦叫累

C 不管遇到多难解决的事情

＿＿＿＿＿＿＿＿＿＿

63．A 如果你愿意，放暑假的时候可以去那儿住

B 但我平时都会打扫，很干净

C 我父母的房子一直是空着的

＿＿＿＿＿＿＿＿＿＿

64．A 出发之前的一些准备工作是不可缺少的

B 外出旅游是一件值得高兴的事

C 为了保证出行顺利

＿＿＿＿＿＿＿＿＿＿

65．A 上学后，他常常跟同学去打篮球

B 弟弟小时候很矮，当时家里人都担心他长不高

C 现在个子差不多有一米八了

＿＿＿＿＿＿＿＿＿＿

第三部分

第 66-85 题：请选出正确答案。

例如：她很活泼，说话很有趣，总能给我们带来快乐，我们都很喜欢和她在
一起。

★ 她是个什么样的人？

A 幽默 √　　　B 马虎　　　　C 骄傲　　　　D 害羞

66. 对于我们来说，做一件好事并不难，难的是一直做好事。

★ 做好事应该：

A 坚持　　　　B 别后悔　　　　C 有责任感　　　D 不怕危险

67. 一开始，爸妈不支持我学音乐，而是希望我像他们一样做个律师。后来他
们看我真心喜欢音乐，于是就尊重我的决定了。

★ 爸妈同意他的选择，是因为他：

A 爱好表演　　　B 法律成绩差　　C 学得太辛苦　　D 真心喜欢音乐

68. 演出票还剩很多，我们选 675 元这个价格的吧。座位在中间，离演员很近，
看得也更清楚。

★ 票价是 675 元的座位：

A 在左边　　　　B 数量少　　　　C 能躺着　　　　D 距离演员近

69. 理发的时候总会遇到这样的情况：本来只是想稍微修一下头发，理发师却
鼓励你改变自己，理一个完全不一样的头发。可如果你听了他的建议，结果
往往是钱没少花，效果却不够理想。

★ 有时候理发师的建议：

A 十分专业　　　B 让人兴奋　　　C 不够详细　　　D 不一定适合你

70. 虽然这份工作工资很高，我也挺喜欢，但由于经常出差，我无法多陪女儿，所以我还是打算放弃，重新换份工作。

    ★ 他决定：

    A 换工作   B 应聘经理   C 离开学校   D 在家照顾女儿

71. 我估计是吃坏肚子了，已经跑了好几趟厕所，可肚子还是很不舒服，看来下午得请假去医院看一下了。

    ★ 说话人：

    A 没吃饱   B 胳膊酸   C 害怕打针   D 肚子难受

72. 我们俩已经超过十年没见面了，今天一见都特别激动。当回忆起以前经历过的事情时，我们两个人都非常开心。

    ★ 他们俩：

    A 刚毕业   B 爱开玩笑   C 没什么变化   D 认识很久了

73. 听说那位作家的新小说刚刚被翻译成了中文，我就买了一本。结果发现，翻译的质量太差了，有很多地方都不符合原文，真让人失望。

    ★ 那本小说：

    A 不好理解   B 得了大奖   C 与爱情有关   D 翻译水平低

74. 人们总是羡慕别人的成功，却看不到别人为此付出的努力。成为什么样的人，关键是看你把时间浪费在羡慕上，还是用在学习别人的成功经验上。

    ★ 要想成功，应该：

    A 有耐心   B 努力付出   C 做好计划   D 接受自己的缺点

75. 每年的11月前后，上海都会举行国际艺术节。来自世界各地的艺术家们会受邀来到这里，同时，精彩的活动也会吸引很多普通市民前来参观。

    ★ 根据上文，上海国际艺术节：

    A 很精彩   B 啤酒免费   C 于春季举办   D 重视国际关系

76. 我的老家在东北，那里的冬天特别冷。不过下雪后，树上会落一层厚厚的雪，窗户上也会出现许多冰花，远远看去，漂亮极了。

★ 关于东北，可以知道：

A 空气新鲜　　　B 冬天很冷　　　C 夏天景色美　　　D 有很多动植物

77. 这个广告主要是想提醒人们：海洋污染已经十分严重，如果再不重视保护大自然，我们的生活环境将会越来越差。

★ 那个广告告诉我们要怎么做？

A 节约用水　　　B 了解地球　　　C 少用塑料袋　　　D 重视环境问题

78. 中国人见面常说的一句话就是"吃了吗"。它是熟人之间常用的打招呼的方式，就像有些国家的人见面会说"今天天气不错"一样。

★ 根据上文，中国人什么时候会说"吃了吗"？

A 抽烟时　　　B 睡醒时　　　C 打招呼时　　　D 表示感谢时

79. 学会拒绝是一门生活的艺术。比如有时受到别人的邀请，可自己又确实不想去，那么这时，怎样友好、礼貌地拒绝别人就变得十分重要了。学习一些拒绝的方法，会减少许多麻烦，让你与他人的交流过程更加愉快。

★ 学会拒绝可以：

A 少受批评　　　B 获得友谊　　　C 少些麻烦　　　D 改变性格

80-81.

当被问到"什么才是真正的幸福"时，人们的答案各不相同，但如果仔细比较一下，还是会发现很多共同点。比如，家人健康、有几个谈得来的朋友、有一份收入还不错的工作等等。正如一位著名作家说过的：大家想要的幸福其实都差不多，要想得到它，虽不简单，却也不难。

★ 根据上文，下列哪个不是说话人认为的"幸福"？

A 家人健康　　　B 特别富有　　　C 工资满意　　　D 有好朋友

★ 关于幸福，可以知道：

A 很难解释　　　B 标准很高　　　C 不难得到　　　D 没有区别

82-83.

你是否遇到过这样的情况：在寒冷的冬季，即使还有30%的电，手机也可能自己关机。你千万不要以为是手机坏了，其实，这是手机的低温保护起了作用。当你在温度较高的室内重新开机后，你会发现手机仍然可以正常使用。

★ 温度较低的时候，手机可能会：

A 坏掉　　　　　B 暂时关机　　　C 声音变小　　　D 时间不准确

★ 根据上文，可以知道手机：

A 有低温保护　　B 能判断方向　　C 可收发消息　　D 能与人交流

84-85.

唐伯虎小时候跟着著名画家沈周学画画儿。他积极努力，学得很快，经常受到老师的表扬。没想到，这却使他慢慢骄傲起来。为了让唐伯虎改掉这个坏习惯，沈周想了一个办法。一天，沈周让唐伯虎去打开一个窗户。可唐伯虎走近了才发现，那个窗户竟然是老师画上去的。唐伯虎的脸一下子就红了，他觉得自己的画儿比老师的差远了。从那以后，他再也不敢得意了，而是更加努力地学画画儿。

★ 唐伯虎刚开始学画画儿时：

A 总是失败　　　B 常被表扬　　　C 有点儿粗心　　D 觉得很无聊

★ 沈周那样做，是想告诉唐伯虎：

A 别紧张　　　　B 要诚实　　　　C 不要骄傲　　　D 要有同情心

三、书 写

第一部分

第86-95题：完成句子。

例如：那座桥　　800年的　　历史　　有　　了

　　　　那座桥有800年的历史了。　　　　　　　

86. 主意　　棒　　太　　这个　　了

87. 再　　检查　　一遍　　地址　　你

88. 原因　　什么　　大火是　　引起的

89. 那篇　　精彩　　写　　文章　　得　　很

90. 我　　被　　扔进了　　信封　　垃圾桶

91. 地　　母亲突然　　看着　　吃惊　　我

92. 准时　　所有人　　回到了　　都　　宾馆

93. 大概有　　火车站　　这里离　　一公里

94. 这些报纸　　按　　排列好　　请把　　时间顺序

95. 已经　　妹妹　　大学的生活　　适应了

第二部分

第 96-100 题：看图，用词造句。

例如： 乒乓球   她很喜欢打乒乓球。

96.  破   97.  打扮

98.  味道   99.  脱

100. 伤心

试卷一听力材料

（音乐，30秒，渐弱）

大家好！欢迎参加HSK（四级）考试。
大家好！欢迎参加HSK（四级）考试。
大家好！欢迎参加HSK（四级）考试。

HSK（四级）听力考试分三部分，共45题。
请大家注意，听力考试现在开始。

第一部分

一共10个题，每题听一次。

例如：我想去办个信用卡，今天下午你有时间吗？陪我去一趟银行？
　　★ 他打算下午去银行。

　　　现在我很少看电视，其中一个原因是，广告太多了。不管什么时间，也不管什么节目，只要你打开电视，总能看到那么多的广告，浪费我的时间。
　　★ 他喜欢看电视广告。

现在开始第1题：

1. 不好意思，房间有点儿乱。我昨天刚搬过来，还没来得及收拾。
　　★ 房间还没有整理。

2. 路上堵车特别严重，我们提前三个小时就出发了，可即使这样最后还是没赶上飞机。
　　★ 他们最后顺利登机了。

3. 现在正是换季的时候，不少衣服都在打折。下班后咱们去逛逛吧，我想买条夏天穿的短裤。
　　★ 他想买个帽子。

4. 王教授是著名的儿童教育家，这本书是他根据多年的教育经验写的，内容丰富有趣，受到了家长们的普遍欢迎。
　　★ 家长们对那本书的印象很好。

5. 这个菜太辣了，我实在吃不下去了。早知道这么辣，我肯定不会点的。
   ★ 那个菜非常酸。

6. 你再仔细阅读一下通知，上面写着交表格的时间呢。你快点儿填吧，否则
   就来不及了。
   ★ 要及时交表格。

7. 虽然这里是郊区，但周围交通很方便，再加上房租便宜，所以很多年轻人
   都在这里租房子。
   ★ 年轻人不喜欢住在郊区。

8. 现在很多国家的签证都可以通过互联网来办，而不用去大使馆。你只需要
   把准备好的申请材料提交到办签证的网站，然后等通知就可以了。
   ★ 网上能办签证。

9. 你看看你的火车票，如果座位号最后一个数字是○、四、五或者九的话，
   那么你的座位就在窗户旁边。
   ★ 他没买到车票。

10. 研究发现，一件事情只要坚持做二十一天以上就会变成习惯。因此任何事情，
    比如运动，虽然开始比较困难，但只要坚持下去，它就会变成你的习惯。
    ★ 习惯的养成需要一段时间。

第二部分

一共 15 个题，每题听一次。

例如：女：该加油了，去机场的路上有加油站吗？
　　　男：有，你放心吧。
　　　问：男的主要是什么意思？

现在开始第 11 题：

11. 男：听说这篇新闻的作者是你以前的同学？
　　女：对，我记得他原来在学校时，就常给一些报纸、杂志写文章。
　　问：他们在讨论什么？

12. 女：小伙子，对面就是邮局了，要开到门口吗？
　　男：不用了，师傅，您就在这儿停车吧，我自己过马路就可以了。
　　问：男的要去哪儿？

13. 男：不用买矿泉水，车上提供热水。
    女：那正好，我可以带点儿茶叶。
    问：车上提供什么？

14. 女：这学期的体育课你选了什么？
    男：网球。本来想选羽毛球的，但是选的人太多，我没报上。
    问：男的为什么没选羽毛球？

15. 男：还难受吗？
    女：昨晚吃完药睡了一觉，感觉好多了，好像也不发烧了。
    问：女的昨晚怎么了？

16. 女：我在上海的时候看见你同事李想了。
    男：对，他在上海出差，明天回来，好像也是乘坐九点的这趟航班。
    问：关于李想，可以知道什么？

17. 男：传真机是不是坏了？怎么发不出去了？
    女：不会吧？上午我还收到一份传真呢。
    问：男的怀疑什么？

18. 女：周末公司安排了聚会，你去吗？
    男：不去了，家里来亲戚了，我要带他们到处看看。
    问：男的为什么不参加聚会？

19. 男：小黄，你儿子钢琴弹得真好！一定下了很多功夫吧？
    女：是，他每天至少要留出三个小时来练习。
    问：关于小黄的儿子，下列哪个正确？

20. 女：我寒假去北京玩儿了，感觉北京真大！
    男：对，如果不熟悉道路，很容易把时间都浪费在路上。
    问：男的认为在北京不熟悉路会怎么样？

21. 男：这个箱子重不重？我帮你抱上去吧？
    女：没关系，其实里面就是几双皮鞋，挺轻的。
    问：箱子里是什么东西？

22. 女：你有信心赢得这场比赛吗？
    男：能赢最好。当然，要是输了我也会继续努力的。
    问：男的要去做什么？

23. 男：请问这些寄到山西要多少天？
    女：四天左右吧，不过快到春节了，可能会稍微晚几天。
    问：为什么女的觉得会晚到？

24. 女：等下了高速公路，我们先找家餐厅吃东西吧，饿死我了。
　　男：行。车里还有包饼干，要不你先吃点儿？
　　问：男的建议女的怎么做？

25. 男：祝贺你们，希望你们永远幸福。
　　女：谢谢，也希望能早点儿听到你结婚的好消息。
　　问：关于男的，可以知道什么？

第三部分

一共 20 个题，每题听一次。

例如：男：把这个材料复印五份，一会儿拿到会议室发给大家。
　　　女：好的。会议是下午三点吗？
　　　男：改了，三点半，推迟了半个小时。
　　　女：好，六〇二会议室没变吧？
　　　男：对，没变。
　　　问：会议几点开始？

现在开始第 26 题：

26. 女：喂，我忘记带钥匙了，你在哪儿？
　　男：我在对面超市呢，马上回家。
　　女：那你顺便买点儿羊肉回来吧，今晚咱们包饺子。
　　男：好的，一斤够吗？
　　问：女的怎么了？

27. 男：小姐，这个蓝色的行李箱是您的吗？
　　女：对，有什么问题吗？
　　男：麻烦您打开，我们要检查一下。另外，请给我看一下您的护照和登机牌。
　　女：好的。
　　问：他们最可能在哪儿？

28. 女：老包，你孙女硕士毕业了吧？
　　男：是，毕业半年了。
　　女：她现在做什么工作呢？
　　男：没找工作。她又考上博士了，还要再读几年。
　　问：老包的孙女现在在干什么？

29. 男：今天的会议内容全部都记下来了吧？
　　女：记下了，大家提的意见我也列好了。
　　男：那你整理完发我一份吧。
　　女：好。还剩一部分没弄好，等都整理完了我给您发邮件。
　　问：女的在整理什么？

30. 女：我们是不是走错方向了？
　　男：不会吧，我们是按照手机地图指的方向走的。
　　女：不对，世界公园入口在南边，可咱们一直在往北走。
　　男：抱歉，我看错了。
　　问：他们最可能要去哪儿？

31. 男：你帮我拿一下盐。
　　女：这个汤我已经放过盐了，不用再加了。
　　男：我尝了尝，还不够咸。
　　女：你最近经常咳嗽，还是少吃点儿盐吧。
　　问：男的为什么得少吃盐？

32. 女：你听，有人敲门。
　　男：可能是送空调的来了。
　　女：太好了！空调终于到了。
　　男：是啊，这几天热得我都快受不了了。
　　问：男的认为是谁在敲门？

33. 男：这些照片真漂亮！
　　女：都是我以前旅行时照的。
　　男：看来你去过不少地方呀。
　　女：我以前是导游，尽管后来不干了，但还是经常出去旅游。
　　问：女的以前的职业是什么？

34. 女：你打算让谁来负责这次的调查任务？
　　男：我还没想好，你有什么看法？
　　女：我觉得小马可以，有能力，又有这方面的经验。
　　男：但是他手上有工作，还挺忙的。有其他合适的人吗？
　　问：小马不能负责调查的原因是什么？

35. 男：我这房子客厅很大，而且家具都是新的。
　　女：确实不错。
　　男：是啊，如果不是我女儿月底留学，我和妻子要去陪她，也不会这么着
　　　　急卖了。
　　女：这房子我很满意，不过还是要和我丈夫商量一下再决定。
　　问：男的为什么着急卖房子？

第 36 到 37 题是根据下面一段话：

现在的孩子不仅缺少运动，还经常吃不健康的东西，这样对身体特别不好。建议家长提醒孩子多吃苹果、香蕉等水果，少喝饮料，少吃巧克力、糖等甜的东西。另外，还要让孩子多锻炼身体。

36．根据这段话，现在的孩子有什么特点？
37．家长应该让孩子怎么做？

第 38 到 39 题是根据下面一段话：

随着信息技术的发展，越来越多的人习惯用网上银行。网上银行极大地方便了我们的生活：无论是购物、还信用卡，还是给别人转钱，都可以通过网上银行，在家里轻松完成。

38．网上银行的优点是什么？
39．关于网上银行，下列哪个正确？

第 40 到 41 题是根据下面一段话：

不要以为只有人才会说话，实际上，大自然也有自己的语言，而且这语言到处都有，只要你仔细些就能发现。你抬头看天上的白云，美丽的白云高高在上，说明明天肯定是个晴天；你再看水里的鱼儿，它们不停地跳出水面，那是在提醒你，要下雨了，出门别忘了带伞。

40．鱼儿跳出水面说明什么？
41．这段话主要谈的是什么？

第 42 到 43 题是根据下面一段话：

很多人都有写日记的习惯。把每天发生的事、生活中的烦恼和对一些社会问题的看法记下来，这样做能帮助我们整理心情、减轻压力。另外，日记也是我们对过去生活的美好回忆，甚至将来也许会成为重要的历史研究材料。

42．根据这段话，下列哪个不是日记中的内容？
43．写日记有什么好处？

第 44 到 45 题是根据下面一段话：

武汉长江大桥全长一千六百七十多米，于一九五七年正式通车，它是长江上的第一座大桥，也是中国历史上第一座铁路、公路两用桥，因此有"万里长江第一桥"的说法。武汉长江大桥把武昌、汉阳、汉口三个地方连为一体，极大地推动了武汉市的发展。

44．关于武汉长江大桥，下列哪个正确？
45．根据这段话，武汉长江大桥有什么作用？

听力考试现在结束。

试卷一答案

一、听 力

第一部分

1. √ 2. × 3. × 4. √ 5. ×
6. √ 7. × 8. √ 9. × 10. √

第二部分

11. C 12. A 13. B 14. B 15. B
16. C 17. B 18. B 19. C 20. A
21. A 22. C 23. B 24. D 25. C

第三部分

26. D 27. A 28. B 29. D 30. C
31. A 32. C 33. C 34. D 35. D
36. C 37. D 38. A 39. C 40. A
41. D 42. A 43. B 44. A 45. D

二、阅 读

第一部分

46. F 47. A 48. C 49. B 50. E
51. E 52. A 53. F 54. B 55. D

第二部分

56. CAB 57. CBA 58. ACB 59. CBA 60. ACB
61. BAC 62. ACB 63. CBA 64. BCA 65. BAC

第三部分

66. A 67. D 68. D 69. D 70. A
71. D 72. D 73. D 74. B 75. A
76. B 77. D 78. C 79. C 80. B
81. C 82. B 83. A 84. B 85. C

三、书 写

第一部分

86. 这个主意太棒了！

87. 你再检查一遍地址。/ 地址你再检查一遍。

88. 大火是什么原因引起的？

89. 那篇文章写得很精彩。

90. 信封被我扔进了垃圾桶。

91. 母亲突然吃惊地看着我。

92. 所有人都准时回到了宾馆。

93. 这里离火车站大概有一公里。

94. 请把这些报纸按时间顺序排列好。

95. 妹妹已经适应了大学的生活。/ 大学的生活妹妹已经适应了。

第二部分

（参考答案）

96. 袜子穿了几次就破了。

97. 你打扮好了吗？我们该出发了。

98. 让我尝尝味道怎么样。

99. 来，爸爸帮你把衣服脱掉。

100. 别伤心了，以后还有机会。

孔子学院总部/国家汉办
Confucius Institute Headquarters(Hanban)

汉语水平考试
HSK（四级）

试 卷 二

注 意

一、HSK（四级）分三部分：

    1. 听力（45题，约30分钟）

    2. 阅读（40题，40分钟）

    3. 书写（15题，25分钟）

二、听力结束后，有5分钟填写答题卡。

三、全部考试约105分钟（含考生填写个人信息时间5分钟）。

中国 北京   孔子学院总部/国家汉办 编制

一、听 力

第一部分

第 1-10 题：判断对错。

例如：我想去办个信用卡，今天下午你有时间吗？陪我去一趟银行？

    ★ 他打算下午去银行。   （ ✓ ）

    现在我很少看电视，其中一个原因是，广告太多了。不管什么时间，也不管什么节目，只要你打开电视，总能看到那么多的广告，浪费我的时间。

    ★ 他喜欢看电视广告。   （ × ）

1．★ 香蕉不能吃了。   （   ）

2．★ 女朋友也许会迟到。   （   ）

3．★ 小西不会说汉语。   （   ）

4．★ 说话人之前很马虎。   （   ）

5．★ 用筷子敲碗没有礼貌。   （   ）

6．★ 小李不清楚活动安排。   （   ）

7．★ 去长白山看雪景的人很多。   （   ）

8．★ 他的收入很高。   （   ）

9．★ 那两个词的用法完全相同。   （   ）

10．★ 别把工作烦恼带回家。   （   ）

第二部分

第 11-25 题：请选出正确答案。

例如：女：该加油了，去机场的路上有加油站吗？

男：有，你放心吧。

问：男的主要是什么意思？

A 去机场　　　B 快到了　　　C 油是满的　　　D 有加油站 ✓

11.　A 勺子　　　B 信封　　　C 奖金　　　D 零钱

12.　A 有趣　　　B 无聊　　　C 很正式　　　D 让人失望

13.　A 饼干　　　B 蛋糕　　　C 包子　　　D 面条儿

14.　A 要加班　　　B 想请假　　　C 很轻松　　　D 饿死了

15.　A 教育　　　B 感情　　　C 科学技术　　　D 社会问题

16.　A 手机　　　B 电脑　　　C 照相机　　　D 笔记本

17.　A 还伞　　　B 拿材料　　　C 发传真　　　D 复印表格

18.　A 很懒　　　B 很厉害　　　C 不够勇敢　　　D 很有自信

19.　A 网址　　　B 网速　　　C 打开方式　　　D 网站管理

20.　A 多云　　　B 刮风了　　　C 下雨了　　　D 出太阳了

21. A 邮局   B 教室   C 图书馆   D 卫生间

22. A 很伤心   B 要去打针   C 最近没抽烟   D 在检查身体

23. A 签证   B 招聘结果   C 电子邮件   D 普通话成绩

24. A 银行   B 商店   C 宾馆   D 饭店

25. A 报纸   B 杂志   C 电影   D 名字

第三部分

第 26-45 题：请选出正确答案。

例如：男：把这个材料复印五份，一会儿拿到会议室发给大家。

女：好的。会议是下午三点吗？

男：改了，三点半，推迟了半个小时。

女：好，六〇二会议室没变吧？

男：对，没变。

问：会议几点开始？

A 14：00　　　B 15：00　　　C 15：30 √　　　D 18：00

26.　A 保护环境　　B 少喝啤酒　　C 禁止用火　　D 关爱动植物

27.　A 在减肥　　　B 吃饱了　　　C 太咸了　　　D 味道不好

28.　A 留学　　　　B 开会　　　　C 举办音乐会　D 研究外国文化

29.　A 复习　　　　B 去郊区　　　C 翻译书　　　D 去外省

30.　A 游泳累的　　B 抬重物了　　C 昨天打球了　D 钢琴弹久了

31.　A 开车慢　　　B 走错路了　　C 在选礼物　　D 女儿发烧了

32.　A 没空儿买　　B 暂不需要　　C 妻子觉贵　　D 儿子不同意买

33.　A 洗澡　　　　B 购物　　　　C 扔垃圾　　　D 整理行李

34.　A 飞机上　　　B 火车上　　　C 街道上　　　D 高速公路上

35. A 个子矮　　　B 是个记者　　　C 学过法律　　　D 在使馆工作

36. A 找警察　　　B 搬椅子　　　C 抱住门　　　D 关上窗户

37. A 力气大　　　B 脾气差　　　C 喝多了　　　D 心情不好

38. A 道路安全　　　B 没加油站　　　C 修理汽车　　　D 找停车的地方

39. A 坐地铁　　　B 骑自行车　　　C 提前出发　　　D 好好打扮

40. A 更紧张　　　B 被笑话　　　C 影响印象　　　D 得不到原谅

41. A 要准时　　　B 要有耐心　　　C 应聘的关键　　　D 阅读的好处

42. A 安静　　　B 景色好　　　C 离公司近　　　D 交通方便

43. A 调查表　　　B 经济新闻　　　C 艺术文章　　　D 租房广告

44. A 很帅　　　B 很友好　　　C 很严格　　　D 不怕危险

45. A 要懂得拒绝　　　B 成功需努力　　　C 要有责任心　　　D 要学会放弃

二、阅 读

第一部分

第 46-50 题：选词填空。

A 到底　　B 顺利　　C 诚实　　D 坚持　　E 周围　　F 质量

例如：她每天都（　D　）走路上下班，所以身体一直很不错。

46. 原来你已经从南京回来了？一切都还（　　　）吧？

47. 广播里说，周日的空气（　　　）很差，建议大家减少室外活动。

48. 黑板上的数字（　　　）是多少？你能看清吗？

49. 我们都相信马师傅，他是一个（　　　）的人。

50. 我和我丈夫刚搬到这里不久，对（　　　）的环境还不太熟悉。

第 51-55 题：选词填空。

A 秒　　B 吸引　　C 温度　　D 玩笑　　E 随便　　F 趟

例如：A：今天真冷啊，好像白天最高（　C　）才2℃。

B：刚才电视里说明天更冷。

51．A：小丽好像有点儿不开心，你不该跟她开这样的（　　　）。

B：那我去给她道个歉吧。

52．A：看你兴奋的样子，这次用了多久？

B：13（　　　），速度比上次提高了不少呢。

53．A：你男朋友最（　　　）你的地方是什么？

B：他很幽默，而且性格很好。

54．A：时间来得及吗？我想去（　　　）厕所，刚才矿泉水喝多了。

B：你去吧，我先去打印登机牌。

55．A：你有什么好主意吗？

B：这方面我不太懂，我不敢（　　　）说。

第二部分

第 56-65 题：排列顺序。

例如：A 可是今天起晚了

   B 平时我骑自行车上下班

   C 所以就打车来公司   <u> B A C </u>

56. A 快擦擦，我去给你倒杯果汁

   B 对皮肤也不好，看你脸上的汗

   C 既然这么辣就别吃了   <u>   </u>

57. A 只有按照一定的顺序排列这些号码

   B 否则很难看出来

   C 你才能发现它们之间的关系   <u>   </u>

58. A 不但作者的意思理解起来有些困难

   B 这本小说写得不太好

   C 而且故事内容也不够精彩   <u>   </u>

59. A 结果现在申请也来不及了

   B 但我还是忘记了

   C 昨天姐姐提醒我去报名参加篮球比赛 <u>   </u>

60. A 观众在看电视时

   B 就能判断出他表演水平的高低

   C 往往通过演员一个很小的动作　　＿＿＿＿＿＿＿＿

61. A 估计进去就得迷路

   B 你看这里

   C 环境太复杂了，我连入口都找不到　　＿＿＿＿＿＿＿＿

62. A 我没有继续读硕士

   B 去年大学毕业后

   C 而是回到老家，跟朋友一起做起了生意　　＿＿＿＿＿＿＿＿

63. A 吃完饭都好好休息一下

   B 下午我们还有更重要的任务要完成

   C 各位辛苦了，我们为大家准备了午餐　　＿＿＿＿＿＿＿＿

64. A 可是也没有表示反对

   B 她虽然十分吃惊

   C 我把这件事告诉妈妈时　　＿＿＿＿＿＿＿＿

65. A 这本词典你从哪儿买的

   B 甚至中间还缺了一页

   C 里面很多词语的解释都有错误　　＿＿＿＿＿＿＿＿

第三部分

第 66-85 题：请选出正确答案。

例如：她很活泼，说话很有趣，总能给我们带来快乐，我们都很喜欢和她在
一起。

　　★ 她是个什么样的人？

　　　A 幽默 √　　　B 马虎　　　　C 骄傲　　　　D 害羞

66. 关校长办公室的电话不是没人接，就是占线，我真后悔没有存他的手机号。

　　★ 说话人后悔：

　　　A 没写地址　　　B 打扰了别人　　C 没记住密码　　D 没存手机号

67. 咱们新买的房子客厅和厨房都比较小，肯定放不下这么多家具，我们还是把
这个小沙发和餐桌送人吧。

　　★ 他们为什么要把家具送人？

　　　A 太旧了　　　　B 新房小　　　　C 不流行了　　　D 亲戚送了新的

68. 尽管我们今天输了，但这并不能说明我们永远都在别人后面。只要我们认
真练习，继续努力，下次赢的一定是我们，大家加油！

　　★ 说话人在做什么？

　　　A 批评人　　　　B 鼓励大家　　　C 回忆过去　　　D 讨论失败原因

69. 真正的友谊并不是指经常见面、时时联系，而是互相都很了解。即使很久没
见，见面之后仍然有许多话说；即使不常联系，但无论你遇到什么困难，他
都会一直支持你、帮助你。

　　★ 关于真正的友谊，可以知道什么？

　　　A 经常聚会　　　B 没有误会　　　C 坚持联系　　　D 互相支持

70. 我之前去过很多地方，但从来没去过海边，所以我打算今年暑假去海南旅游，顺便放松一下。

★ 他今年暑假要干什么？

A 爬长城　　　　B 去海洋馆　　　C 去森林公园　　D 去海边玩儿

71. 我有点儿困，先躺一会儿，你记得九点叫醒我。今晚有我最喜欢的足球队的比赛，要是错过就太可惜了。

★ 他晚上准备做什么？

A 看球赛　　　　B 收拾房间　　　C 打羽毛球　　　D 看京剧表演

72. 这次考试的填空题很容易，都是书上的内容，我只花了15分钟就做完了。但后面的问答题挺难的，其中有两个我实在答不出来，就空着交上去了。

★ 上文主要谈的是：

A 考试题　　　　B 考试规定　　　C 学期安排　　　D 数学作业

73. 前段时间特别冷，公园里都没什么人。这几天暖和了，散步的、跳舞的、运动的人也都多了起来，公园又像以前一样热闹了。

★ 公园为什么又变热闹了？

A 花儿开了　　　B 天气热了　　　C 污染轻了　　　D 门票免费了

74. 如果你讨厌一个人，很可能是因为你将重点放在了他的缺点上，而没看到他优秀的一面。其实，每个人身上都有值得别人学习的地方，不要因为"讨厌"而错过学习的机会。

★ 上文告诉我们要怎么做？

A 学会感谢　　　B 别害怕改变　　C 照顾好自己　　D 学习他人优点

75. 小时候，我希望自己将来能做一个导游，这样我可以一边工作，一边到世界各地旅行。然而，我最后却选择了护士这个职业，因为我想帮助更多需要帮助的人。

★ 她认为护士这个职业可以：

A 看病不排队　　B 让别人羡慕　　C 学更多知识　　D 帮助更多人

76. 我们学校后面有一条小吃街，那里的东西不仅好吃，而且还不贵。平时没课时，同学们都爱去那儿逛逛。

　　★ 那条小吃街的东西怎么样？

　　　　A 便宜　　　　B 新鲜　　　　C 卫生不合格　　D 不适合老人吃

77. 李教授的突然出现让大家很激动。因为我们之前邀请他的时候，他还在北京出差，大家都以为他无法参加会议了，没想到他还是赶来了。

　　★ 关于李教授，可以知道：

　　　　A 很年轻　　　　B 参加了会议　　C 提了很多意见　D 去北京旅游了

78. 现在很多人感觉自己还很年轻，光知道努力赚钱，却不注意身体健康。等老了，身体出了问题，再花钱看病。要知道，健康才是最重要的，千万不要"用身体赚钱，再用钱来买个好身体"。

　　★ 根据上文，可以知道：

　　　　A 要有信心　　　B 要按时吃药　　C 健康最重要　　D 钱能买到生命

79. 在选择专业时，除了要为以后的发展做打算外，还要考虑自己的兴趣。如果选择了不喜欢的专业，即使上了大学，也很难学好。有句话说得好：兴趣才是最好的老师。

　　★ 我们在选择专业时，应考虑：

　　　　A 家庭条件　　　B 竞争压力　　　C 父母的态度　　D 自己的兴趣

80-81.

　　每个人都有理想，但并不是所有的理想都能成真。理想不能太大太空，而应该符合实际。另外，理想也不能只停留在嘴上，必须积极去做，按照计划一步步地进行，并且在做的过程中及时总结经验，这样才能更准确地判断出前进的方向。

　　★ 什么样的理想才能成真？

　　　　A 浪漫的　　　　B 有特点的　　C 受到表扬的　　D 符合实际的

　　★ 为了使理想成真，我们应该：

　　　　A 做事冷静　　　B 多听建议　　　C 积极去做　　　D 养成好习惯

82-83.

怎样才能买到价格便宜的机票呢？首先，买得越早越便宜。航班起飞前十天内，打折的机票就不会剩太多了。其次，星期一、星期二或节日后几天的机票会更便宜，因为这几天出行的人一般较少。最后，在互联网上购买机票也会节约不少钱。

★ 根据上文，机票的价格跟什么有关？

　　A 季节　　　　B 买票时间　　C 降落时间　　D 想去的地方远近

★ 网上购票的优点是什么？

　　A 花钱少　　　B 过程简单　　C 可先选座位　D 可推迟付款

84-85.

我出生在"山城"重庆，长江经过这座美丽的城市。重庆既是山水之城，又是著名的"桥都"，全市共有 4500 多座桥，远远超过中国其他城市。桥对于重庆有着重要的作用，以前人们过江需要乘船，现在直接过桥就行了。可以说，桥大大方便了山城人的出行。

★ 重庆为什么被叫作"桥都"？

　　A 桥身高　　　B 桥的标准高　C 桥的数量多　D 有亚洲最长的桥

★ 关于重庆，下列哪个正确？

　　A 很凉快　　　B 很干净　　　C 有山有水　　D 黄河经过那里

三、书 写

第一部分

第86-95题：完成句子。

例如：那座桥   800年的   历史   有   了

那座桥有800年的历史了。

86. 挂了   一张   客厅里   地图

87. 我   信   了   寄出去   把

88. 你   考上了   祝贺   博士

89. 大约有   100棵   这里的   树

90. 有点儿   洗手间的   镜子   脏

91. 我   猜不出   实在   答案

92. 这份   很   写得   材料   详细

93. 任何   没听到   你难道   响声   吗

94. 我   打个招呼   去向   张律师

95. 这双皮鞋的   比那双   颜色   稍微深   一些

第二部分

第 96-100 题：看图，用词造句。

例如： 乒乓球　她很喜欢打乒乓球。_____

96.  汤　　97.  巧克力

98.  理发　　99.  迷路

100.  乱

试卷二听力材料

（音乐，30秒，渐弱）

大家好！欢迎参加 HSK（四级）考试。
大家好！欢迎参加 HSK（四级）考试。
大家好！欢迎参加 HSK（四级）考试。

HSK（四级）听力考试分三部分，共 45 题。
请大家注意，听力考试现在开始。

第一部分

一共 10 个题，每题听一次。

例如：我想去办个信用卡，今天下午你有时间吗？陪我去一趟银行？
　　　★ 他打算下午去银行。

　　　现在我很少看电视，其中一个原因是，广告太多了。不管什么时间，也不管什么节目，只要你打开电视，总能看到那么多的广告，浪费我的时间。
　　　★ 他喜欢看电视广告。

现在开始第 1 题：

1. 这几天太热了，快把葡萄洗洗吃了吧，否则很快就会坏掉。
　　★ 香蕉不能吃了。

2. 有一次，我和女朋友约会，她发短信给我："我五分钟后到，如果没到，你就再读一遍短信。"
　　★ 女朋友也许会迟到。

3. 小西从小在国外长大，十八岁才跟着父母回到中国，所以她的外语和中文都非常流利，你可以找她帮忙翻译。
　　★ 小西不会说汉语。

4. 由于我的粗心，还让您专门过来一趟，实在很抱歉。您放心，这次我已经仔细检查过了，保证没有问题。
　　★ 说话人之前很马虎。

5. 大家使用筷子时要注意，千万不要用筷子敲碗，因为在中国这样做被认为十分不礼貌。
   ★ 用筷子敲碗没有礼貌。

6. 这次活动的准备工作是小李做的，活动举行的时间与地点他还没通知，你可以直接打电话问他。
   ★ 小李不清楚活动安排。

7. 每年一进入十月，长白山的温度就会下降很多，早早开始下雪，美丽的雪景往往会吸引大量的游客前来参观。
   ★ 去长白山看雪景的人很多。

8. 虽然我现在工资不高，但我选这份工作的目的本来就不是为了赚钱，而是想积累更多的经验，为以后打好基础。
   ★ 他的收入很高。

9. 这两个词虽然只差一个字，意思也差不多，但它们在语法上还是有一定区别的，适用的语言环境也不一样，大家注意别弄错了。
   ★ 那两个词的用法完全相同。

10. 工作上有烦恼很正常，但把烦恼带回家是很不负责任的。工作上出了问题，就应该在工作中解决，而不是带着不愉快的心情回家。
    ★ 别把工作烦恼带回家。

第二部分

一共 15 个题，每题听一次。

例如：女：该加油了，去机场的路上有加油站吗？
　　　男：有，你放心吧。
　　　问：男的主要是什么意思？

现在开始第 11 题：

11. 男：我刚才去买袜子，售货员好像忘记找我零钱了。
    女：啊？那你快去把钱要回来，我在这儿等你。
    问：男的准备回去要什么？

12. 女：你看过《对话》节目吗？我觉得挺有意思的。
    男：看过。节目会请很多名人来讲他们身边发生的故事，确实非常有趣。
    问：男的觉得那个节目怎么样？

13. 男：晚饭吃什么？饺子还是西红柿鸡蛋面？
　　女：今天我生日，当然要吃面条儿了。
　　问：他们晚饭最可能吃什么？

14. 女：你大概什么时候下班？
　　男：本来是六点，不过我今晚要加班，估计得八点左右吧。
　　问：男的是什么意思？

15. 男：你平时有写日记的习惯吗？
　　女：没有，不过我常常会把对一些社会问题的看法写下来。
　　问：女的爱写关于哪方面的内容？

16. 女：你的手表竟然可以打电话？
　　男：其实它是手机，只不过看起来像手表，又可以戴在手上。
　　问：他们在聊什么？

17. 男：周律师来过了？
　　女：对，他正好经过这儿，就顺便把证明材料取走了。
　　问：周律师来做了什么？

18. 女：现在的孩子真厉害，我哥的孩子才三岁，就认识一千多个汉字了。
　　男：是啊。不过我还是觉得儿童应该以玩儿为主。
　　问：女的觉得现在的孩子怎么样？

19. 男：这个网站怎么打不开？
　　女：是不是网址错了？我重新发你一遍。
　　问：女的怀疑哪里有问题？

20. 女：刚刚还是晴天，才一会儿工夫，雨就下得这么大了。
　　男：这不奇怪，南方的气候多变，过段时间你就适应了。
　　问：现在天气怎么样？

21. 男：喂，你的声音太小了，我完全听不清楚。
　　女：我在图书馆，不方便说话，你如果有事就给我发短信吧。
　　问：女的现在在哪里？

22. 女：你最近怎么不抽烟了？
　　男：我这几天咳嗽有点儿严重，大夫让我少抽烟。
　　问：关于男的，可以知道什么？

23. 男：你上周参加的招聘，有结果了吗？
　　女：暂时没有，我还在等消息。
　　问：女的在等什么？

24. 女：您好！两个凉菜、三个热菜、四瓶啤酒、两碗米饭，一共二百七十九元，您刷卡还是付现金？

　　男：刷信用卡吧。

　　问：对话最可能发生在哪里？

25. 男：你怎么对这个作家这么了解？

　　女：我刚好在一本杂志里看过一篇专门介绍他的文章。

　　问：女的是通过什么了解那个作家的？

第三部分

一共 20 个题，每题听一次。

例如：男：把这个材料复印五份，一会儿拿到会议室发给大家。

　　　女：好的。会议是下午三点吗？

　　　男：改了，三点半，推迟了半个小时。

　　　女：好，六〇二会议室没变吧？

　　　男：对，没变。

　　　问：会议几点开始？

现在开始第 26 题：

26. 女：这几年冬天都不怎么下雪了。

　　男：可能和全球气候变暖有关系。

　　女：是啊，好像大部分国家都出现了这样的情况。

　　男：地球只有一个，我们一定要好好保护自然环境。

　　问：男的认为应该怎么做？

27. 男：我刚买的烤鸭，可香了，快来尝尝。

　　女：不行，我正在减肥，不能吃这个。

　　男：你又不胖，减什么肥。

　　女：夏天快到了，我得把肚子上的肉减掉。

　　问：女的为什么不吃烤鸭？

28. 女：听说你要出国？

　　男：是，九号走，去参加一场国际交流会。

　　女：大约去多久？

　　男：至少一个星期，有什么事你就找张经理商量吧。

　　问：男的出国做什么？

29. 男：这个寒假你打算做什么？
　　女：我在翻译一本八百多页的书，恐怕寒假还得接着干。
　　男：这么厚的书？
　　女：是啊，本来还想出去玩儿呢，只好等暑假再去了。
　　问：女的寒假要做什么？

30. 女：我的右胳膊又酸又疼，早上起床的时候都抬不起来了。
　　男：怎么弄的？
　　女：昨天打了一个小时网球后就这样了。
　　男：一定是你平时缺少锻炼，所以偶尔运动一次，身体就受不了了。
　　问：女的为什么胳膊疼？

31. 男：喂，小叶，那位姓万的顾客到了吗？
　　女：已经到了。
　　男：我走错路了，要晚到一会儿，你帮我跟他解释一下，谢谢。
　　女：好的，不客气。
　　问：男的为什么会晚到？

32. 女：我记得你说想买冰箱，是吗？
　　男：对，之前看好了一台，但我妻子觉得太贵。
　　女：年底各大商场都在打折，你们可以去看看。
　　男：是吗？那我们周末去看看。
　　问：男的之前为什么没买冰箱？

33. 男：你帮我把牙膏、牙刷都带上吧。
　　女：你住的酒店不提供吗？
　　男：提供，但我不愿意用一次性的，而且也不环保。
　　女：行，那毛巾也带着吧。
　　问：他们可能在做什么？

34. 女：先生，飞机马上要起飞了，请您回座位上坐好。
　　男：我的眼镜在行李箱里，我想取一下。
　　女：请您稍微等一下，飞机起飞后我帮您拿。
　　男：好的，谢谢。
　　问：他们现在在哪儿？

35. 男：你和那个小伙子见面了吗？
　　女：还没呢，我们俩约好这礼拜天在咱家对面的咖啡馆见。
　　男：那就好。听李阿姨说他是个记者，很有能力，而且你们年龄也合适。
　　女：知道了，爸，等见过面再说吧。
　　问：关于那个小伙子，可以知道什么？

第 36 到 37 题是根据下面一段话：

有个人喝多了，他回到家门口，拿出钥匙来开门。可是他弄了半天也没把门打开。邻居听到声音后，走过来对他说："需要我帮忙吗？"那个人说："这个门一直动来动去，麻烦您帮我抱住它。"

36．那个人让邻居帮他做什么？
37．关于那个人，可以知道什么？

第 38 到 39 题是根据下面一段话：

随着买车的人越来越多，停车也成为了大问题。开车出去办事，不仅要担心堵车，还要担心到了之后是否能找到停车的地方，尤其在人多车多的时候。所以我出门一般都乘坐地铁或者公共汽车。

38．说话人认为什么是个大问题？
39．说话人出门办事会怎么做？

第 40 到 41 题是根据下面一段话：

准时是对他人的尊重，是否准时会影响很多事情。例如，与人见面不准时，会给人留下不好的印象；应聘不准时，会让人觉得你不重视这个工作机会，这些都会引起误会。因此，千万不要小看"准时"的作用。

40．与人见面迟到可能会怎么样？
41．这段话主要谈的是什么？

第 42 到 43 题是根据下面一段话：

花园路小区有一个两室一厅的房子出租。房子是高层，有电梯，距离地铁站仅一公里，交通方便，周围还有学校、超市、医院等，租金低。有意者可打房东包先生的电话，五八五八〇〇二二。

42．那个房子有什么优点？
43．这段话最可能来自哪儿？

第 44 到 45 题是根据下面一段话：

小时候，我常和爸爸一起爬山。每次我爬不动时，他总会在前面等我，而不是拉着我向前走。他说："有些路要自己走，有些困难要自己解决。"当时我很不理解，觉得爸爸太严格了。长大后，我才明白他的意思，生活就是这样，不能总想着别人的帮助，只有自己走好每一步，才能获得最后的成功。

44．小时候，说话人觉得父亲怎么样？
45．这段话主要想告诉我们什么？

听力考试现在结束。

试卷二答案

一、听 力

第一部分

1. ×   2. √   3. ×   4. √   5. √
6. ×   7. √   8. ×   9. ×   10. √

第二部分

11. D   12. A   13. D   14. A   15. D
16. A   17. B   18. B   19. A   20. C
21. C   22. C   23. B   24. D   25. B

第三部分

26. A   27. A   28. B   29. C   30. C
31. B   32. C   33. D   34. A   35. B
36. C   37. C   38. D   39. A   40. C
41. A   42. D   43. D   44. C   45. B

二、阅 读

第一部分

46. B   47. F   48. A   49. C   50. E
51. D   52. A   53. B   54. F   55. E

第二部分

56. CBA   57. ACB   58. BAC   59. CBA   60. ACB
61. BCA   62. BAC   63. CAB   64. CBA   65. ACB

第三部分

66. D   67. B   68. B   69. D   70. D
71. A   72. A   73. B   74. D   75. D
76. A   77. B   78. C   79. D   80. D
81. C   82. B   83. A   84. C   85. C

三、书 写

第一部分

86. 客厅里挂了一张地图。

87. 我把信寄出去了。

88. 祝贺你考上了博士。

89. 这里的树大约有 100 棵。

90. 洗手间的镜子有点儿脏。

91. 我实在猜不出答案。/ 答案我实在猜不出。

92. 这份材料写得很详细。

93. 你难道没听到任何响声吗？

94. 我去向张律师打个招呼。

95. 这双皮鞋的颜色比那双稍微深一些。

第二部分

（参考答案）

96. 尝尝我做的汤怎么样？

97. 她一吃巧克力就牙疼。

98. 弟弟正在理发呢。

99. 他好像迷路了。

100. 你的房间真乱啊！

孔子学院总部/国家汉办
Confucius Institute Headquarters(Hanban)

汉语水平考试
HSK（四级）

试 卷 三

注　　意

一、HSK（四级）分三部分：

　　1．听力（45题，约30分钟）

　　2．阅读（40题，40分钟）

　　3．书写（15题，25分钟）

二、听力结束后，有5分钟填写答题卡。

三、全部考试约105分钟（含考生填写个人信息时间5分钟）。

中国　北京　　　　　　　　孔子学院总部/国家汉办　　编制

一、听 力

第一部分

第1-10题：判断对错。

例如：我想去办个信用卡，今天下午你有时间吗？陪我去一趟银行？

　　★ 他打算下午去银行。　　　　　　　　　　（ √ ）

　　现在我很少看电视，其中一个原因是，广告太多了。不管什么时间，也不管什么节目，只要你打开电视，总能看到那么多的广告，浪费我的时间。

　　★ 他喜欢看电视广告。　　　　　　　　　　（ × ）

1．★ 王小姐原谅他了。　　　　　　　　　　（　　）

2．★ 他们一会儿要吃包子。　　　　　　　　　（　　）

3．★ 说话人对计划书不太满意。　　　　　　　（　　）

4．★ 女儿想去看长江。　　　　　　　　　　　（　　）

5．★ 他想住在学校附近。　　　　　　　　　　（　　）

6．★ 没人乱扔垃圾。　　　　　　　　　　　　（　　）

7．★ 航班已经起飞了。　　　　　　　　　　　（　　）

8．★ 小雨的中文越来越好了。　　　　　　　　（　　）

9．★ 售货员找到了一个袋子。　　　　　　　　（　　）

10．★ 问题不同解决方法也不同。　　　　　　　（　　）

第二部分

第 11-25 题：请选出正确答案。

例如：女：该加油了，去机场的路上有加油站吗？

男：有，你放心吧。

问：男的主要是什么意思？

A 去机场　　　B 快到了　　　C 油是满的　　　D 有加油站 √

11. A 宾馆　　　B 使馆　　　C 海洋馆　　　D 家具店

12. A 不舒服　　　B 要加班　　　C 要去看京剧　　　D 要打扫房间

13. A 很漂亮　　　B 很激动　　　C 比较冷静　　　D 有些难过

14. A 发音　　　B 语法　　　C 阅读　　　D 书写

15. A 购物　　　B 见亲戚　　　C 参加面试　　　D 参加聚会

16. A 房东　　　B 医生　　　C 孙师傅　　　D 他孙子

17. A 少吃盐　　　B 放轻松　　　C 多吃香蕉　　　D 按时睡觉

18. A 迷路了　　　B 不会迟到　　　C 交通方便　　　D 要加快速度

19. A 没预习　　　B 出过国　　　C 没交作业　　　D 要考博士

20. A 很咸　　　B 不香　　　C 好吃　　　D 又甜又辣

21. A 做汤　　　　B 擦窗户　　　　C 整理报纸　　　　D 收拾厨房

22. A 感冒了　　　B 下雪了　　　　C 以为要降温　　　D 风刮得厉害

23. A 厕所　　　　B 教室　　　　　C 图书馆　　　　　D 小吃店

24. A 填表　　　　B 看演出　　　　C 写日记　　　　　D 复印材料

25. A 研究难题　　B 总结工作　　　C 提报名要求　　　D 谈公司特点

第三部分

第26-45题：请选出正确答案。

例如：男：把这个材料复印五份，一会儿拿到会议室发给大家。

女：好的。会议是下午三点吗？

男：改了，三点半，推迟了半个小时。

女：好，六○二会议室没变吧？

男：对，没变。

问：会议几点开始？

A 14：00　　　B 15：00　　　C 15：30 √　　　D 18：00

26.　A 超市　　　B 餐厅　　　C 卫生间　　　D 水果店

27.　A 更可爱了　　B 皮肤白了　　C 性格变化大　　D 更会打扮了

28.　A 楼层低　　　B 电梯坏了　　C 等不及了　　D 电梯内人多

29.　A 饭店　　　B 商店　　　C 银行　　　D 电影院

30.　A 生气了　　　B 肚子疼　　　C 赶地铁　　　D 司机来接她了

31.　A 没饮料了　　B 果汁不酸　　C 男的想洗澡　　D 男的打球输了

32.　A 长得帅　　　B 很热情　　　C 穿得很正式　　D 年轻有能力

33.　A 不重　　　B 缺点多　　　C 不吸引人　　　D 不方便手提

34.　A 不太困　　　B 发烧了　　　C 没带钥匙　　　D 昨天回来晚

35. A 开证明   B 取护照   C 打印表格   D 翻译说明书

36. A 朋友   B 同学   C 客人   D 导游

37. A 找他帮忙   B 让他留学   C 春节要到了   D 想来中国发展

38. A 更努力   B 缺少自信   C 成绩下降   D 休息不好

39. A 降低标准   B 养成好习惯   C 常表扬孩子   D 多给孩子时间

40. A 时长   B 语言   C 人数   D 社会态度

41. A 画面丰富   B 介绍准确   C 邀请名人   D 有好的想法

42. A 学生   B 护士   C 服务员   D 艺术家

43. A 动作快   B 错误少   C 帮助理解   D 帮助练字

44. A 空气差   B 抽烟的人少了   C 街上很热闹   D 开车的人少了

45. A 不堵车   B 不花钱   C 能看到景色   D 能锻炼身体

二、阅 读

第一部分

第 46-50 题：选词填空。

A 所有　　B 重　　C 降落　　D 坚持　　E 郊区　　F 道歉

例如：她每天都（　D　）走路上下班，所以身体一直很不错。

46．这个行李箱太（　　）了，我们先寄存在火车站吧。

47．弟弟拒绝向哥哥（　　），因为他觉得自己没做错。

48．这家面包店正在做活动，顾客可以免费试吃（　　）面包。

49．飞机在起飞及（　　）的时候不允许使用电脑。

50．我上礼拜天没去（　　）玩儿，就在家对面的商场随便逛了逛。

第 51—55 题：选词填空。

A 陪　　B 结果　　C 温度　　D 遍　　E 至少　　F 骗

例如：A：今天真冷啊，好像白天最高（　C　）才 2℃。

　　　B：刚才电视里说明天更冷。

51．A：昨天那场羽毛球友谊赛的（　　　）怎么样？

　　 B：那还用问吗？百分之百是我们班赢啊！

52．A：真的假的？你没（　　　）我吧？

　　 B：当然没有，他自己跟我说的。

53．A：我晚饭吃得太饱了，你（　　　）我去公园散散步吧？

　　 B：好啊，我也正想出去呢。

54．A：尽管那本小说我已经读了很多（　　　）了，可还是觉得非常有意思。

　　 B：书名是什么？作者是谁？可以借给我看看吗？

55．A：我们离加油站还有多远？车马上要没油了。

　　 B：（　　　）还有两公里，真后悔出发前没把油箱加满。

第二部分

第 56-65 题：排列顺序。

例如：A 可是今天起晚了

　　　 B 平时我骑自行车上下班

　　　 C 所以就打车来公司　　　　　　　　　　　　　　__B A C__

56. A 梦里有很多巧克力蛋糕和饼干

　　 B 可惜我刚准备吃，就被妈妈叫醒了

　　 C 我昨晚做了一个梦　　　　　　　　　　　　　　_____

57. A 即使在天气最热的七八月份

　　 B 贵阳是一个十分适合生活的城市

　　 C 那里仍然很凉快　　　　　　　　　　　　　　　_____

58. A 他还是会感到很伤心

　　 B 然而每次回忆起来

　　 C 尽管那件事已经过去很久了　　　　　　　　　　_____

59. A 我刚才给你发了一封电子邮件

　　 B 收到后请仔细阅读并根据安排做好准备工作

　　 C 内容是关于下周考试的一些安排　　　　　　　　_____

60. A 昨天是我跟李医生第一次见面

　　B 所以我对他的印象特别好

　　C 他很有礼貌，也很幽默　　　　　　　　　　＿＿＿＿＿＿＿＿＿

61. A 而且价格也不太高

　　B 由于这种植物在北方特别常见

　　C 因此几乎每家都有几棵　　　　　　　　　　＿＿＿＿＿＿＿＿＿

62. A 就在车里，你下楼来拿吧

　　B 我专门买了牛奶、咖啡和一些你爱吃的东西

　　C 喂，听说你最近复习很辛苦　　　　　　　　＿＿＿＿＿＿＿＿＿

63. A 广播说五号有大雨

　　B 再次举行的时间还没决定，让我们等通知

　　C 所以那天的参观活动只好推迟了　　　　　　＿＿＿＿＿＿＿＿＿

64. A 我当时怎么没想到呢？真是太笨了

　　B 刚刚小云告诉我答案时

　　C 我才发现原来这个题这么简单　　　　　　　＿＿＿＿＿＿＿＿＿

65. A 除了每个月的工资外，年底奖金也很多

　　B 现在在一家互联网公司上班

　　C 刚才跟我打招呼的小伙子是个硕士毕业生　　＿＿＿＿＿＿＿＿＿

第三部分

第 66-85 题：请选出正确答案。

例如：她很活泼，说话很有趣，总能给我们带来快乐，我们都很喜欢和她在
一起。

    ★ 她是个什么样的人？

    A 幽默 √   B 马虎   C 骄傲   D 害羞

66. 昨天我和同事去逛街，看上了一双挺好看的皮鞋，质量也不错，而且还打
折，只可惜没有适合我穿的号了。

    ★ 那双鞋：

    A 样子一般   B 正在打折   C 有点儿脏   D 不是很流行

67. 小马毕业后一直没有找到合适的工作，前不久他在网上看见一家公司在招
聘，他觉得自己符合所有的条件，所以决定去试一下。

    ★ 小马打算做什么？

    A 去应聘   B 做生意   C 出国旅游   D 练习普通话

68. 观众对这部电影的印象很差，大部分人都表示电影时间太长，并且很难理
解，实在是浪费时间，不值得观看。

    ★ 观众觉得那部电影：

    A 很棒   B 很假   C 不值得看   D 不太积极

69. 失败是成功之母。要想获得成功，首先得接受失败。只有勇敢地接受失败
并继续努力下去，才能获得最后的成功。有些人没能成功，往往是因为他
们在失败时马上就选择了放弃。

    ★ 上文告诉我们应该怎么做？

    A 接受失败   B 懂得改变   C 别害怕竞争   D 学会管理金钱

70. 如果你忘记了公司邮箱密码，可以试着通过回答安全问题找回来。如果这样也不行，那你可以跟咱们公司网站的负责人联系。

　　★ 公司邮箱密码可以通过什么找回？

　　　A 发短信　　　　B 换电脑　　　　C 向经理申请　　　D 回答安全问题

71. 我的邻居王先生对人非常友好，经常帮助周围的人。有一次，他看我力气小，直接帮我把一箱矿泉水搬上了五楼，并且还告诉我以后有什么困难记得找他。

　　★ 关于王先生，可以知道：

　　　A 脾气差　　　　B 很诚实　　　　C 很友好　　　　D 有点儿懒

72. 您要是不愿意坐出租车，可以去北京西站。那儿有专门开往首都机场的公共汽车，每半小时一趟，准时出发，价格也不贵，比乘坐出租车便宜多了。

　　★ 说话人建议：

　　　A 先买票　　　　B 去南站　　　　C 坐公共汽车　　　D 走高速公路

73. 我前几天有点儿咳嗽，本来以为吃点儿药就会好，结果一个星期过去了还是很难受，最后不得不去医院打了一针。

　　★ 说话人前些天：

　　　A 生病了　　　　B 心情不好　　　　C 刚理完发　　　　D 丢了眼镜

74. 这件事你需要跟张教授商量一下，他要是不同意，恐怕你很难进行研究。另外，研究过程中你会遇到很多问题，少不了要听听他的意见。

　　★ 说话人认为这件事应该怎么做？

　　　A 暂时别做　　　B 快点儿做完　　　C 按照规定做　　　D 和张教授商量

75. "一字千金"这个词来自一个历史故事，是说有一篇文章，如果有人能在其中增加或减少一个字，就可以得到很多钱。后来人们常用这个词语来指一个人文章写得好。

　　★ "一字千金"指：

　　　A 收入高　　　　B 字数少　　　　C 画儿很贵　　　　D 文章写得好

76. 我妹妹很瘦，无论吃多少都不会长胖，而我正好相反，只要稍微多吃点儿就会变胖。看她穿什么都那么漂亮，我真是羡慕死了。

　　★ 说话人羡慕妹妹什么？

　　　　A 聪明　　　　B 有耐心　　　　C 会弹钢琴　　　　D 不容易变胖

77. 感谢大家多年来对我的支持和鼓励，我能有今天的成绩，离不开大家的帮助，谢谢各位！让我们共同举杯，为我们能有更美好的将来干杯！

　　★ 说话人是什么意思？

　　　　A 烦恼很多　　　　B 祝贺大家　　　　C 感谢大家　　　　D 多积累经验

78. 随着手机、刷卡付款越来越普遍，现在很多人出门都不习惯带现金了。其实，身上带点儿零钱还是有好处的，尤其是到了那些只收现金的地方。

　　★ 说话人建议出门怎么做？

　　　　A 带零钱　　　　B 注意节约　　　　C 只带现金　　　　D 熟悉地址

79. 开玩笑的目的是为了让大家开心，但是如果不考虑方式、不讲地点，就可能会有完全相反的效果。如果出现了这种情况，你千万不要以为别人都不懂幽默，而是应该想想到底为什么你的幽默没能让人发笑。

　　★ 为什么有时候幽默起不到作用？

　　　　A 不够直接　　　　B 方式不对　　　　C 没有重点　　　　D 讲得太慢

80-81.

　　小夏，不管这个学生是否优秀，你都应该给他相同的重视和应有的尊重。这是你的职业要求，也是一位教育工作者的责任。如果你不能将自己的喜好与工作很好地区别开，我觉得你就不能成为一位合格的老师。

　　★ 合格的老师应该：

　　　　A 很认真　　　　B 有理想　　　　C 尊重校长　　　　D 重视每个学生

　　★ 说话人对小夏是什么态度？

　　　　A 批评　　　　B 同情　　　　C 相信　　　　D 关心

82-83.

引起森林大火的原因还没有查清楚，有消息说是因为最近的高温天气，但也有人猜是有的人故意或无意中引起的，因为警察在附近发现了烟头。春季森林容易发生火情，所以我们一定不要在树或草较多的地方用火，否则很容易发生危险。

★ 警察在森林附近发现了什么？

A 刀　　　　　B 烟头　　　　C 地图　　　　D 塑料桶

★ 关于那场森林大火，下列哪个正确？

A 火很小　　　B 跟气候有关　C 发生在秋季　D 原因还不清楚

84-85.

我父亲是个儿童作家，当别人介绍他是"著名作家"时，他却总是说自己只是一个"讲故事的人"。我很喜欢听父亲讲故事，后来也试着写过儿童小说，却没有父亲写得精彩。父亲对我说，写给儿童的故事不一定要有多美的语言，但一定要有好的内容，那些能让孩子学到知识的故事才是真正的好故事。

★ 根据上文可以知道，父亲：

A 很浪漫　　　B 很粗心　　　C 很有名　　　D 很严格

★ 父亲认为什么样的儿童故事才是好故事？

A 内容好　　　B 笑话多　　　C 不太复杂　　　D 与实际差不多

三、书 写

第一部分

第86-95题：完成句子。

例如：那座桥　　800年的　　历史　　有　　了

那座桥有800年的历史了。

86．提前　　我们　　完成了　　这次任务

87．到处　　都是　　街道两边　　树叶

88．表演　　很　　精彩　　这些演员的

89．只剩　　几毛钱了　　我的　　钱包里

90．填　　的　　哪些信息　　要　　是必须

91．拒绝　　关先生　　这次活动　　参加

92．昨天的　　把　　倒掉　　菜　　姐姐　　了

93．不　　深颜色的　　适合你　　衣服

94．毕业生数量　　今年的　　多了一倍　　比前年

95．这份感情　　没有　　她对　　信心　　了　　越来越

第二部分

第 96-100 题：看图，用词造句。

例如：  乒乓球　　她很喜欢打乒乓球。

96.  空　　97.  减肥

98.  传真　　99.  苦

100.  方向

试卷三听力材料

（音乐，30秒，渐弱）

大家好！欢迎参加 HSK（四级）考试。
大家好！欢迎参加 HSK（四级）考试。
大家好！欢迎参加 HSK（四级）考试。

HSK（四级）听力考试分三部分，共 45 题。
请大家注意，听力考试现在开始。

第一部分

一共 10 个题，每题听一次。

例如：我想去办个信用卡，今天下午你有时间吗？陪我去一趟银行？
　　　★ 他打算下午去银行。

　　　现在我很少看电视，其中一个原因是，广告太多了。不管什么时间，也不管什么节目，只要你打开电视，总能看到那么多的广告，浪费我的时间。
　　　★ 他喜欢看电视广告。

现在开始第 1 题：

1. 王小姐，今天的事情完全是个误会，我希望您能听我解释一下。
　　★ 王小姐原谅他了。

2. 不用你帮忙，你去沙发上坐着吧，无聊的话就看看杂志，等会儿饺子好了我叫你。
　　★ 他们一会儿要吃包子。

3. 我对你的这份计划书非常失望。一方面是不够详细，另一方面是数字不准确。你回去重新做一份吧。
　　★ 说话人对计划书不太满意。

4. 女儿从来没去过北方，听我们说下礼拜要带她去北京，她兴奋极了，还说一定要去长城看看。
　　★ 女儿想去看长江。

5. 我想在校外租房子，最好是在学校周围，距离不要太远，步行二十分钟能到就行。

   ★ 他想住在学校附近。

6. 这次上海草地音乐节大约有四千人参加，但人们离开后，草地上竟然没有任何垃圾，这不得不让人感到吃惊。

   ★ 没人乱扔垃圾。

7. 各位旅客，由北京飞往东京的 CA925 次航班已经开始登机了，请您拿好登机牌，到 B3 口准备登机。

   ★ 航班已经起飞了。

8. 去年寒假我见到小雨的时候，他还讲不了几句中文，没想到这次暑假回国，他已经讲得这么流利了！看来他一定下了很大的功夫。

   ★ 小雨的中文越来越好了。

9. 售货员在试衣镜旁边发现了一个蓝色的钱包，她怀疑是哪个马虎的顾客不小心丢在那里的。

   ★ 售货员找到了一个袋子。

10. 没有一种方法能帮我们解决所有问题。每次遇到问题时，我们都应从实际情况出发，判断出问题的关键，及时解决问题。

    ★ 问题不同解决方法也不同。

第二部分

一共 15 个题，每题听一次。

例如：女：该加油了，去机场的路上有加油站吗？
　　　男：有，你放心吧。
　　　问：男的主要是什么意思？

现在开始第 11 题：

11. 男：你的签证办好了吗？
　　　女：办好了，刚接到使馆通知，让我下午过去拿。
　　　问：女的下午会去哪里？

12. 女：太抱歉了，我周末得加班，估计没办法和你去爬山了。
　　　男：没事，下次有机会再一起去。
　　　问：女的为什么不去爬山了？

13. 男：你今天打扮得可真漂亮！
　　女：谢谢。我今天有个重要的约会。
　　问：男的觉得女的今天怎么样？

14. 女：你认为汉语里面最难学的是什么？
　　男：应该是语法吧，我经常会弄错一些词语的顺序。
　　问：男的认为汉语最难学的是什么？

15. 男：面试怎么样？还顺利吧？
　　女：还可以，就是一开始有点儿紧张。
　　问：女的干什么去了？

16. 女：外面是不是有人敲门？
　　男：可能是孙子放学回来了，他今天忘带钥匙了。
　　问：男的觉得是谁在敲门？

17. 男：大夫，我的体检结果怎么样？
　　女：一切正常，但你平时还是要注意少吃点儿盐。
　　问：女的提醒男的怎么做？

18. 女：今天堵车这么严重，我们上班不会迟到吧？
　　男：别担心，时间还早，肯定来得及。
　　问：男的是什么意思？

19. 男：你这学期怎么还有这么多课？
　　女：我上学期出国了，有几门专业课没上，所以这学期还得继续。
　　问：关于女的，可以知道什么？

20. 女：邮局对面那家店是卖什么的？怎么每天都有很多人排队？
　　男：是家烤鸭店，听说他家的烤鸭味道很不错。
　　问：男的听说那家店的烤鸭怎么样？

21. 男：你的手怎么了？
　　女：刚才收拾厨房的时候不小心擦破了。
　　问：女的刚才在干什么？

22. 女：你怎么穿这么厚？不热吗？快把外衣脱了吧。
　　男：早上天有点儿阴，我还以为会降温呢，没想到中午这么暖和。
　　问：男的为什么穿那么厚？

23. 男：你好！法律基础方面的书在哪边？
　　女：这排书全部都是关于自然科学的，您去前面那排找找。
　　问：他们最可能在哪里？

24. 女：打扰一下，我们在做环境污染调查，能麻烦您填一下这张表吗？
　　男：好的，没问题。
　　问：男的接下来可能要做什么？

25. 男：昨天的会议都说什么了？我有事请假了。
　　女：经理先总结了上个月的工作情况，接着跟大家讨论了这个月的工作任务。
　　问：下列哪个是昨天会议的内容？

第三部分

一共 20 个题，每题听一次。

例如：男：把这个材料复印五份，一会儿拿到会议室发给大家。
　　　女：好的。会议是下午三点吗？
　　　男：改了，三点半，推迟了半个小时。
　　　女：好，六〇二会议室没变吧？
　　　男：对，没变。
　　　问：会议几点开始？

现在开始第 26 题：

26. 女：爸爸，我讨厌这个牙膏的味道。
　　男：那这个葡萄味儿的呢？
　　女：这个可以。
　　男：那就买它吧，我们再去看看牙刷。
　　问：他们最可能在哪里？

27. 男：几年没见，我觉得你变化特别大。
　　女：是吗？你觉得我哪里变化最大？
　　男：性格吧，以前你都不太爱说话，现在感觉你特别会聊天儿。
　　女：这可能和我的工作经历有关吧。
　　问：男的觉得女的怎么了？

28. 女：停电了吗？电梯怎么不能用了？
　　男：电梯坏了，正在修理，今天上午刚通知的。
　　女：那咱们走楼梯吧。
　　男：行，就当锻炼了。
　　问：他们为什么要走楼梯？

29. 男：我的信用卡不见了。
　　女：你最后一次用它是什么时候？
　　男：刚才买照相机用它付过款，之后就没用过。
　　女：咱们回去看看，也许就是丢在那里了。
　　问：女的认为信用卡可能丢在哪儿了？

30. 女：呀！这么晚了，我得回去了。
　　男：再坐一会儿吧，大家好不容易聚在一起，玩儿得正高兴呢。
　　女：不了，太晚了就赶不上地铁了。
　　男：没关系，一会儿我开车送你回去。
　　问：女的为什么要先走？

31. 男：打球出了一身汗，你帮我拿条毛巾吧。
　　女：好。我刚做了果汁，要不要来一杯？
　　男：酸不酸？
　　女：不酸，这次我放了点儿糖。
　　问：根据对话，下列哪个正确？

32. 女：入口处那个穿黑衣服的人就是王律师吗？
　　男：是他，没想到他提前到了。
　　女：他看起来年龄不大啊。
　　男：对，他才三十岁，不过非常有能力。
　　问：关于王律师，可以知道什么？

33. 男：这台电脑不错。
　　女：是，大小、样子都是我喜欢的。
　　男：而且很轻，非常适合出差使用。
　　女：确实是。既然这么合适，我就买这台吧。
　　问：男的认为那台电脑怎么样？

34. 女：你昨晚什么时候回来的？我都没听见门响。
　　男：大概两点吧。太晚了，我就在客厅的沙发上睡了。
　　女：你去房间里再躺会儿吧，我给你做早餐。
　　男：不睡了，我也该起床洗脸了。
　　问：关于男的，下面哪个正确？

35. 男：小元，你帮我看看这个说明书上写的是什么。
　　女：这是您在国外买的吗？
　　男：是我儿子出国旅行回来给我带的礼物。
　　女：原来是这样。我帮您翻译一下。
　　问：男的请女的帮忙做什么？

第 36 到 37 题是根据下面一段话：

昨天我收到了一封来自美国的信，信封上没写寄信人的名字。开始我还怀疑是有人寄错了，但打开一看才发现，这是我去年在国际文化交流节上认识的一个朋友寄来的。他知道中国最重要的节日——春节就要到了，于是给我写了这封信，祝我节日快乐，永远幸福。我真是太感动了。

36．信是谁寄来的？
37．那个人为什么要寄信给说话人？

第 38 到 39 题是根据下面一段话：

有些父母把孩子的时间表安排得满满的，使孩子连放松的机会都没有，时间久了，孩子的压力越来越大，学习成绩不但不会提高，甚至还可能会下降。这种教育其实是失败的，父母应该多给孩子留些时间，让他们去做喜欢的事情，这样才是真正为他们好。

38．孩子压力太大可能会怎样？
39．说话人建议父母怎样做？

第 40 到 41 题是根据下面一段话：

影响广告效果的原因有很多，比如广告的语言、画面、广告中出现的名人等等。但是，如果广告没有新鲜且有趣的想法，那么即使语言再精彩、画面再美丽、名人再多，也无法保证广告的效果。

40．下列哪个会影响广告的效果？
41．广告最重要的是什么？

第 42 到 43 题是根据下面一段话：

研究者将八十名学生分为两部分，一部分人用电脑记课上讲的内容，另一部分人用笔来写。结果证明，用笔写的学生能回忆起更多的内容。研究者指出，用笔写东西的过程能帮助我们更好地理解学到的东西，所以记住的内容会更多。

42．被研究者有哪些人？
43．根据这段话，用笔写的优点是什么？

第 44 到 45 题是根据下面一段话：

六月五日是世界环境日。记者调查发现，在这天，很多人没有开车，而是选择公共汽车或地铁出行，还有一些人骑自行车或者步行。他们说，这样做不仅能保护环境，而且还能锻炼身体。

44．世界环境日那天，记者有什么发现？
45．根据这段话，步行有什么好处？

听力考试现在结束。

试卷三答案

一、听 力

第一部分

1. ×   2. ×   3. √   4. ×   5. √

6. √   7. ×   8. √   9. ×   10. √

第二部分

11. B   12. B   13. A   14. B   15. C

16. D   17. A   18. B   19. B   20. C

21. D   22. C   23. C   24. A   25. B

第三部分

26. A   27. C   28. B   29. B   30. C

31. B   32. D   33. A   34. D   35. D

36. A   37. C   38. C   39. D   40. B

41. D   42. A   43. C   44. D   45. D

二、阅 读

第一部分

46. B   47. F   48. A   49. C   50. E

51. B   52. F   53. A   54. D   55. E

第二部分

56. CAB   57. BAC   58. CBA   59. ACB   60. ACB

61. BAC   62. CBA   63. ACB   64. BCA   65. CBA

第三部分

66. B   67. A   68. C   69. A   70. D

71. C   72. C   73. A   74. D   75. D

76. D   77. C   78. A   79. B   80. D

81. A   82. B   83. D   84. C   85. A

三、书 写

第一部分

86. 我们提前完成了这次任务。/ 这次任务我们提前完成了。

87. 街道两边到处都是树叶。

88. 这些演员的表演很精彩。

89. 我的钱包里只剩几毛钱了。

90. 哪些信息是必须要填的？

91. 关先生拒绝参加这次活动。/ 这次活动关先生拒绝参加。

92. 姐姐把昨天的菜倒掉了。

93. 深颜色的衣服不适合你。

94. 今年的毕业生数量比前年多了一倍。

95. 她对这份感情越来越没有信心了。

第二部分

（参考答案）

96. 冰箱空了，我准备去超市买点儿东西。

97. 他通过跑步的方式来减肥。

98. 他正在给客人发传真。

99. 这个药怎么这么苦？

100. 我应该往哪个方向走呢？

孔子学院总部/国家汉办
Confucius Institute Headquarters(Hanban)

汉语水平考试
HSK（四级）

试 卷 四

注　意

一、HSK（四级）分三部分：

　　1. 听力（45题，约30分钟）

　　2. 阅读（40题，40分钟）

　　3. 书写（15题，25分钟）

二、听力结束后，有5分钟填写答题卡。

三、全部考试约105分钟（含考生填写个人信息时间5分钟）。

中国　北京　　　　　　　孔子学院总部/国家汉办　编制

一、听 力

第一部分

第 1-10 题：判断对错。

例如：我想去办个信用卡，今天下午你有时间吗？陪我去一趟银行？

　　★ 他打算下午去银行。　　　　　　　　　　　　　　（ ✓ ）

　　　现在我很少看电视，其中一个原因是，广告太多了。不管什么时间，也不管什么节目，只要你打开电视，总能看到那么多的广告，浪费我的时间。

　　★ 他喜欢看电视广告。　　　　　　　　　　　　　　（ ✗ ）

1. ★ 王老师礼拜天回来。　　　　　　　　　　　　　　（　　）

2. ★ 他想当一名医生。　　　　　　　　　　　　　　　（　　）

3. ★ 他要参加学校运动会。　　　　　　　　　　　　　（　　）

4. ★ 他十分喜欢那座城市。　　　　　　　　　　　　　（　　）

5. ★ 他认为写信很麻烦。　　　　　　　　　　　　　　（　　）

6. ★ 晚上不要喝茶。　　　　　　　　　　　　　　　　（　　）

7. ★ 说话人周末想去照相。　　　　　　　　　　　　　（　　）

8. ★ 听中文广播好处多。　　　　　　　　　　　　　　（　　）

9. ★ 流行才是最重要的。　　　　　　　　　　　　　　（　　）

10. ★ 年龄大的人很少后悔。　　　　　　　　　　　　（　　）

第二部分

第 11-25 题：请选出正确答案。

例如：女：该加油了，去机场的路上有加油站吗？

男：有，你放心吧。

问：男的主要是什么意思？

A 去机场　　　B 快到了　　　　C 油是满的　　　D 有加油站 √

11.　A 教室　　　　B 邮局　　　　　C 卫生间　　　　D 街道上

12.　A 李记者　　　B 张律师　　　　C 李师傅　　　　D 张大夫

13.　A 发奖金了　　B 考上博士了　　C 办完签证了　　D 申请通过了

14.　A 口渴　　　　B 太热了　　　　C 换零钱　　　　D 一直咳嗽

15.　A 去爬长城　　B 去植物园　　　C 去森林公园　　D 去香山玩儿

16.　A 商店　　　　B 银行　　　　　C 面包店　　　　D 艺术馆

17.　A 在打印　　　B 正在复习　　　C 在准备材料　　D 忙着写文章

18.　A 饭店　　　　B 郊区　　　　　C 医院旁边　　　D 对面超市

19.　A 查字典　　　B 问校长　　　　C 借笔记本　　　D 参观图书馆

20.　A 加班　　　　B 检查身体　　　C 去亲戚家　　　D 参加聚会

21. A 发邮件　　　　B 买杂志　　　　C 开证明　　　　D 发传真

22. A 天气冷　　　　B 缺少阳光　　　　C 房间温度高　　　　D 受到了污染

23. A 票价很便宜　　　B 演员很有名　　　　C 表演很精彩　　　　D 故事很浪漫

24. A 功夫　　　　B 弹钢琴　　　　C 做蛋糕　　　　D 打羽毛球

25. A 抽烟　　　　B 理发　　　　C 上厕所　　　　D 扔垃圾

第三部分

第 26-45 题：请选出正确答案。

例如：男：把这个材料复印五份，一会儿拿到会议室发给大家。

女：好的。会议是下午三点吗？

男：改了，三点半，推迟了半个小时。

女：好，六○二会议室没变吧？

男：对，没变。

问：会议几点开始？

A 14：00   B 15：00   C 15：30 √   D 18：00

26. A 小吃街   B 大使馆   C 停车场   D 修车的地方

27. A 裤子   B 毛巾   C 牙膏   D 袜子

28. A 购物   B 看电影   C 看比赛   D 去海洋馆

29. A 邻居   B 同事   C 警察   D 售货员

30. A 很冷静   B 很粗心   C 很厉害   D 动作慢

31. A 坐地铁   B 骑自行车   C 坐出租车   D 自己开车

32. A 有家具   B 楼层低   C 周围安静   D 在公司附近

33. A 很有信心   B 不想预习   C 要考试了   D 应聘失败了

34. A 散步   B 打针   C 打篮球   D 找钥匙

35. A 生意好　　　B 女的成绩好　　C 父亲节到了　　D 儿童节到了

36. A 北方　　　　B 中部　　　　　C 西南　　　　　D 东南

37. A 不好吃　　　B 非常咸　　　　C 做法简单　　　D 鱼汤好喝

38. A 有餐厅　　　B 管理严格　　　C 校园干净　　　D 在省里很有名

39. A 学费高　　　B 学期短　　　　C 规定太多　　　D 女儿反对

40. A 爱情的　　　B 友情的　　　　C 科技的　　　　D 生命的

41. A 有些乱　　　B 让人感动　　　C 值得同情　　　D 使人伤心

42. A 喜欢旅游　　B 国籍不同　　　C 以前不认识　　D 穿得很正式

43. A 赚钱　　　　B 放松自己　　　C 完成调查　　　D 鼓励人们阅读

44. A 不懂拒绝　　B 总被误会　　　C 不被理解　　　D 太重视输赢

45. A 工作方法　　B 生活态度　　　C 教育责任　　　D 感情问题

二、阅 读

第一部分

第46-50题：选词填空。

A 速度　　B 稍微　　C 任务　　D 坚持　　E 苦　　F 出生

例如：她每天都（ D ）走路上下班，所以身体一直很不错。

46. 这个药太（　　）了。有糖吗？给我一块。

47. 这只小狗一（　　）就被送到我们家了，因此和我们的感情很深。

48. 您就放心地把（　　）交给我吧，我保证能够按时完成。

49. 哥，你开慢点儿，（　　）不能超过每小时 60 公里。

50. 她们姐妹俩长得非常像，区别只是妹妹的皮肤（　　）白一些。

第51-55题：选词填空。

A 戴　　B 印象　　C 温度　　D 竞争　　E 难道　　F 专业

例如：A：今天真冷啊，好像白天最高（　C　）才2℃。

　　　B：刚才电视里说明天更冷。

51．A：你大学学的是什么（　　　）？

　　　B：我是学国际关系的。

52．A：已经15号了，怎么还不发工资啊？

　　　B：昨天就发了，（　　　）你没收到银行的提醒短信吗？

53．A：你对小李的（　　　）怎么样？

　　　B：挺好的，我就喜欢这种性格活泼的女孩儿。

54．A：我们往前坐吧，我没（　　　）眼镜，看不清楚黑板上的字。

　　　B：行，咱们去第三排？

55．A：现在找工作的压力挺大的。

　　　B：是啊，往往是几十个人（　　　）一个工作。

第二部分

第56-65题：排列顺序。

例如：A 可是今天起晚了

　　　B 平时我骑自行车上下班

　　　C 所以就打车来公司　　　　　　　　　　　　　　B　A　C

56．A 恐怕是搬家了吧

　　　B 没找到那个小伙子的家

　　　C 我按照你给的地址找过了　　　　　　　　　　_____

57．A 详细的安排我已经挂到公司网站上了

　　　B 这次互联网技术交流活动将在下周二举行

　　　C 大家先看一下，根据安排做好准备　　　　　　_____

58．A 一方面是由于她吃得很健康

　　　B 刘阿姨看上去比实际年龄小很多

　　　C 另一方面是她的脾气很好，从来不生气　　　　　_____

59．A 还能说几句上海话

　　　B 不但能讲一口标准的普通话

　　　C 他在中国学习、工作了六年　　　　　　　　　　_____

60．A 既然知道问题出在哪儿

B 并保证以后不再出现相同的情况

C 那么我们就应该想办法解决 _____

61．A 所以还是得穿厚一点儿

B 今天的温度虽然不低

C 但外面一直在刮大风 _____

62．A 各位旅客，我们的飞机已经安全降落了

B 祝您旅行愉快，下次再见

C 请您拿好自己的行李，按顺序下飞机 _____

63．A 本来只是想开个玩笑

B 结果他竟然真送了我一份礼物

C 我故意骗他说今天是我的生日 _____

64．A 那家店的家具样子都不错

B 购物满 5000 元还可以免费送货，现在买非常合适

C 正好这个月有打折活动 _____

65．A 仔细想想，原来是手机的短信提醒声

B 以为有人来了，于是忙跑去开门，可外面一个人也没有

C 我刚睡醒，就听到几下敲门的声音 _____

第三部分

第 66-85 题：请选出正确答案。

例如：她很活泼，说话很有趣，总能给我们带来快乐，我们都很喜欢和她在
一起。

  ★ 她是个什么样的人？

   A 幽默 √ B 马虎   C 骄傲   D 害羞

66. 一个寒假没住，房间里的味道实在让人受不了，我去把窗户打开，换换
空气。

  ★ 说话人接下来要做什么？

   A 擦桌子   B 开窗户   C 打扫厨房   D 整理箱子

67. 我本来没想买那本书，只是因为无聊，随便看了几页，没想到里面的内容特
别精彩，我完全被它吸引了。

  ★ 那本书：

   A 卖完了   B 内容很棒   C 有很多笑话 D 翻译得不好

68. 姐姐四岁起就跟着一位著名的京剧演员学唱京剧。她不仅聪明，而且很努
力，常常受到邀请去各地演出，现在认识她的人越来越多了。

  ★ 关于姐姐，可以知道：

   A 会唱京剧   B 是个作家   C 很有礼貌   D 很有耐心

69. 长江是中国第一大河，也是世界第三长河，它与黄河共同被看作是中国的
"母亲河"。长江中生活着上千种水生动植物，其中还有不少是受国家重点
保护的。

  ★ 关于长江，可以知道：

   A 动植物多   B 江水很脏   C 不允许游泳 D 是亚洲第二长河

70. 我开了空调，有些凉。你刚打完球，出了一身汗，还是先别急着脱衣服，否则很容易感冒。

★ 为什么不要着急脱衣服？

A 天阴了　　　　B 有点儿凉　　　　C 来客人了　　　　D 说话人发烧了

71. 王雪在报名表上填的电话号码是错的，我联系不上她。如果有同学见到她，请让她到我办公室来一趟。

★ 说话人联系不上王雪是因为：

A 电话占线　　　　B 手机坏了　　　　C 地址错了　　　　D 号码不对

72. 小夏给我介绍的那个减肥方法效果特别好，我才坚持了两个星期，就感觉自己瘦了不少，你也可以试试。

★ 关于说话人，可以知道什么？

A 很可怜　　　　B 要去约会　　　　C 正在减肥　　　　D 会打网球

73. 尽管我很喜欢吃饺子，但是不得不说包饺子确实很麻烦。但要是很多人一起包就不一样了，不仅会包得很快，而且过程也会变得有趣得多。

★ 说话人觉得大家一起包饺子：

A 很奇怪　　　　B 太辛苦　　　　C 很有意思　　　　D 不太顺利

74. 即使我们将来在不同的城市生活，也要常见面、常聚会。来，干了这杯酒，祝我们的友谊地久天长！

★ 他希望大家以后能：

A 多商量　　　　B 多提意见　　　　C 有高收入　　　　D 经常见面

75. 要想成为一名合格的国际导游，首先要能说一口流利的外语，其次要有丰富的历史文化知识，最后还要有诚实、友好的态度。如果再有点儿幽默感，那就更好了。

★ 一名合格的国际导游应该：

A 外语流利　　　　B 喜欢热闹　　　　C 硕士毕业　　　　D 不会迷路

76. 马上就要放暑假了，各位同学一定要注意安全，不要去危险的地方，外出时最好有父母陪着。希望大家假期愉快！下课！

　　★ 说话人提醒同学们：

　　　　A 要节约　　　　B 小心被骗　　　　C 注意安全　　　　D 准时交作业

77. 这几年公司发展很快，主要是因为我们找准了方向，同时又增加了与其他公司之间的交流。

　　★ 公司发展快的主要原因是：

　　　　A 敢于改变　　　　B 社会支持　　　　C 大家热情高　　　　D 找准了方向

78. "千里之行，始于足下"大意是说要到远方去，你就必须走出第一步。它告诉我们，要想获得成功，就要从小事做起，一点点积累。空有计划却不去做，再远大的理想也不能成真。

　　★ 根据上文，成功：

　　　　A 让人羡慕　　　　B 需要积累　　　　C 只是暂时的　　　　D 可轻松获得

79. 小时候，每次妈妈鼓励或表扬我时，都会给我一块巧克力，这时我就会很高兴。后来，我慢慢养成了一个习惯：无论遇到什么不开心的事情，我都会吃一块巧克力，这会让我的心情很快好起来。

　　★ 吃巧克力会让他：

　　　　A 变胖　　　　B 感到难过　　　　C 心情变好　　　　D 肚子难受

80-81.

　　语言是了解一个民族历史与文化的密码，因为艺术、科学、经济等都离不开语言。汉语是世界上历史最久远的语言之一。与几千年前相比，虽然现在的汉字在书写上有了很大的变化，但我们仍然可以通过它们来了解以前中国人的生活情况。

　　★ 关于汉字，可以知道：

　　　　A 数量少了　　　　B 发音变了　　　　C 不难书写　　　　D 书写有变化

　　★ 上文主要谈的是：

　　　　A 语法学习　　　　B 语言的作用　　　　C 汉语的特点　　　　D 学语言的关键

82-83.

随着互联网走入人们的生活，知识的获得也变得越来越容易了。但网上的信息有正确的，也有错误的，在这种情况下，判断真假就变得尤其重要了。只有当你有了判断对错的能力后，你才能从复杂多变的环境中获得真正有用的信息。

★ 根据上文，网上的信息有什么特点？

　　A 及时　　　　B 详细　　　　C 不完全正确　　D 容易被怀疑

★ 与获得知识相比，更重要的是：

　　A 学会接受　　B 总结经验　　C 适应环境　　　D 判断信息真假

84-85.

有个年轻人去一家公司面试。当他到了面试地点后才发现，自己前面已经有二十几个人在排队了。怎样才能引起经理的注意，让他在面试自己前不选择别人呢？终于，他想出了一个好主意。他拿出一张纸条，在上面写了几个字，然后请人交给经理。经理看后，大笑起来。原来纸条上写着："先生，我排在第24位，在您看到我之前，请千万别忙着做决定。"最后，他打败了其他面试者，赢得了这份工作。

★ 当他到面试地点时发现：

　　A 排队人多　　B 招聘已结束　　C 需要填表格　　D 没有座位了

★ 他为什么要给经理写纸条？

　　A 祝贺经理　　B 表示关心　　C 想提前面试　　D 引起经理注意

三、书写

第一部分

第86-95题：完成句子。

例如：那座桥　　800年的　　历史　　有　　了

　　　　那座桥有800年的历史了。

86. 小孙子　　非常　　咳嗽得　　严重

87. 上个月　　轻了　　我比　　稍微　　点儿

88. 所有的　　他　　用光了　　力气

89. 叔叔　　道歉　　跟　　我拒绝

90. 上　　禁止　　高速公路　　随便停车

91. 需要　　我至少　　跑100米　　15秒

92. 不符合　　您的条件　　要求　　招聘

93. 一封　　收到了　　来自　　我　　国外的信

94. 让他　　感到　　事情的发展　　很吃惊

95. 大部分顾客　　价格　　较低的　　都被　　吸引了

第二部分

第96-100题：看图，用词造句。

例如： 　　　乒乓球　　她很喜欢打乒乓球。

96. 　　重　　97. 　　收拾

98. 　　日记　　99. 　　镜子

100. 　　讨论

试卷四听力材料

（音乐，30秒，渐弱）

大家好！欢迎参加 HSK（四级）考试。
大家好！欢迎参加 HSK（四级）考试。
大家好！欢迎参加 HSK（四级）考试。

HSK（四级）听力考试分三部分，共 45 题。
请大家注意，听力考试现在开始。

第一部分

一共 10 个题，每题听一次。

例如：我想去办个信用卡，今天下午你有时间吗？陪我去一趟银行？
　　　★ 他打算下午去银行。

　　　现在我很少看电视，其中一个原因是，广告太多了。不管什么时间，也不管什么节目，只要你打开电视，总能看到那么多的广告，浪费我的时间。
　　　★ 他喜欢看电视广告。

现在开始第 1 题：

1. 王老师去南京出差了，大约周三回，等他一回来，我就通知您过来。
　　★ 王老师礼拜天回来。

2. 医生是一个值得骄傲和受人尊重的职业，我的理想就是成为一名优秀的医生。
　　★ 他想当一名医生。

3. 学校月底要举办运动会，我报了两千米长跑，所以我现在每天都会进行跑步练习。
　　★ 他要参加学校运动会。

4. 这座城市不但气候很适合人们生活，而且景色也很漂亮。我真希望自己可以永远留在这里。
　　★ 他十分喜欢那座城市。

5. 随着手机的普遍使用，人们大多会通过打电话或发短信交流。但我还是喜欢写信，大概是因为看到信上的字会让我感到熟悉和愉快吧。
   ★ 他认为写信很麻烦。

6. 晚上最好不要喝咖啡，因为咖啡容易让人兴奋，睡不着觉，甚至可能影响到第二天的正常工作或学习。
   ★ 晚上不要喝茶。

7. 小云，你周末有时间吗？咱们去世纪公园照相吧！我在网上新买的相机寄来了，我都等不及想试试效果了。
   ★ 说话人周末想去照相。

8. 早上起床后，你可以一边刷牙洗脸，一边听中文广播，这样既能提高汉语听力水平，还能顺便了解一下中国。
   ★ 听中文广播好处多。

9. 穿衣打扮不能只考虑是否流行，适合自己才是最重要的，也只有这样你才能穿出美丽和自信。
   ★ 流行才是最重要的。

10. 人的年龄越大，后悔的事也越多。有人后悔没有好好学习，有人后悔浪费了时间。为了将来少些后悔，请认真过好每一天。
    ★ 年龄大的人很少后悔。

第二部分

一共 15 个题，每题听一次。

例如：女：该加油了，去机场的路上有加油站吗？
　　　男：有，你放心吧。
　　　问：男的主要是什么意思？

现在开始第 11 题：

11. 男：同学，请问这个座位有人吗？
    女：抱歉，我也刚坐下，不太清楚。
    问：他们最可能在哪儿？

12. 女：我们公司法律方面的事情都由张律师负责，你可以直接找他。
    男：好的，那麻烦您把他的联系方式告诉我。
    问：男的要联系谁？

13. 男：你看起来很开心，有什么好消息吗？
    女：我刚收到通知，我的留学申请通过了。
    问：女的为什么很开心？

14. 女：坐公共汽车需要零钱，你有吗？
    男：没有。我去买瓶矿泉水吧，换点儿零钱。
    问：男的为什么要去买水？

15. 男：我下周去北京出差，正好可以逛一逛，你有什么好的建议吗？
    女：现在正是看红叶的季节，你可以去香山公园走走。
    问：女的有什么建议？

16. 女：您随便看看，我们店的衣服都在打折。
    男：这件蓝色的衬衫不错，找一件中号的我试试吧。
    问：他们最可能在哪里？

17. 男：陈教授要的材料你都准备好了吗？
    女：差不多了，其中有一大半儿都是学校免费提供的。
    问：关于女的，可以知道什么？

18. 女：这葡萄真甜，你在哪儿买的？楼下超市吗？
    男：不是，我爸妈昨天去了一趟郊区，从那边的葡萄园买回来的。
    问：葡萄是从哪儿买来的？

19. 男：这个词只有这一个意思吗？
    女：等一下，我查查字典，也许还有其他解释。
    问：女的接下来要做什么？

20. 女：礼拜六的聚会王向到底能不能来啊？
    男：肯定会来，他一直很想见见咱们这些老同学。
    问：他们礼拜六要做什么？

21. 男：小晴，除了我，其他人好像都没有收到你的电子邮件。
    女：啊！对不起，我竟然忘记发给他们了。
    问：女的忘记做什么了？

22. 女：花儿是不是缺水了？叶子都黄了。
    男：不是，它应该是在客厅里放的时间太长，很久没见太阳了。
    问：男的认为花儿的叶子为什么黄了？

23. 男：刚刚的表演太精彩了，下面的观众都非常激动，祝贺你们！
    女：谢谢您，我们会继续努力的。
    问：观众为什么很激动？

24. 女：我一点儿基础也没有，能报这个钢琴班吗？
　　男：这是提高班，不过我们还有零基础班，您可以考虑一下。
　　问：女的想学什么？

25. 男：打扰一下，请问厕所现在能用吗？
　　女：不好意思，先生，火车马上就要进站了，厕所暂时不能使用，请您稍
　　　　等一会儿。
　　问：男的最可能要做什么？

第三部分

一共 20 个题，每题听一次。

例如：男：把这个材料复印五份，一会儿拿到会议室发给大家。
　　　女：好的。会议是下午三点吗？
　　　男：改了，三点半，推迟了半个小时。
　　　女：好，六〇二会议室没变吧？
　　　男：对，没变。
　　　问：会议几点开始？

现在开始第 26 题：

26. 女：请问这附近哪儿有修车的地方？
　　男：你去前面的加油站看看吧。
　　女：我刚从那边过来，说这边有专门的修理店。
　　男：原来是有一家，但最近搬走了。
　　问：女的在找什么？

27. 男：你上次买的袜子质量真不错，在哪儿买的？
　　女：网上。那家店服务态度很好，并且还支持货到付款。
　　男：那你再帮我买几双冬天穿的厚袜子吧。
　　女：行，其他的还要吗？
　　问：男的想买什么？

28. 女：你去哪儿？这么着急。
　　男：体育馆有乒乓球比赛，你去不去？
　　女：好啊，等等我，我收拾一下书包。
　　男：那你快点儿，要来不及了。
　　问：根据对话，他们要去干什么？

29. 男：喂，万小姐，您在家吗？您买的东西到了。
    女：不好意思，我刚出门。你明天再送行吗？
    男：我已经到楼下了，您能找人帮忙取一下吗？
    女：那我问问邻居吧。
    问：女的要找谁帮忙？

30. 女：你这个题的答案不准确。
    男：怎么会？我做了好几遍了，每次的结果都是一样的。
    女：你中间这部分就做错了，你看，这儿少写了个零。
    男：啊，我太马虎了。
    问：男的觉得自己怎么样？

31. 男：你是几点的航班？
    女：九点一刻，从首都机场起飞。
    男：那现在该出发了，一会儿上班人多了可能会堵车。
    女：来得及，我打算坐地铁去，估计用不了一个小时。
    问：女的打算怎么去机场？

32. 女：看什么呢？这么认真。
    男：租房广告，房东月底要收回房子，我得重新租一个。
    女：你有什么要求？我帮你看看。
    男：最好在咱们公司周围，如果没有，交通方便的也可以。
    问：男的对房子有什么要求？

33. 男：研究生入学考试准备得怎么样了？
    女：还有一本专业书没看完呢，可是没剩几天了。
    男：别紧张，要相信自己能考好。
    女：我知道了，谢谢您。
    问：关于女的，可以知道什么？

34. 女：你怎么刚吃完饭就躺在沙发上？
    男：我一吃饱就容易困，这会儿特别想睡觉。
    女：你太懒了，跟我出去散散步吧。
    男：好吧，等我换件衣服。
    问：他们要去做什么？

35. 男：你怎么买了这么一大箱果汁？
    女：不是我买的，是儿童节公司发的。
    男：你们公司真不错，儿童节还发礼物。
    女：是啊，还有购书卡，我儿子最喜欢看书了。
    问：公司为什么发礼物？

第 36 到 37 题是根据下面一段话：

酸辣鱼是中国西南的一道名菜。这道菜选用新鲜的活鱼做成，辣中带酸、酸里有甜，深受人们欢迎。另外，酸辣鱼的做法简单，用时较短，所以人们餐桌上总少不了这道菜。

36．酸辣鱼是中国哪里的名菜？

37．关于酸辣鱼，可以知道什么？

第 38 到 39 题是根据下面一段话：

最近我和妻子在为女儿上学的事情而烦恼。朋友介绍了一个学校，从我们家走路过去只要七八分钟，特别近，而且学校管理严格，学习环境也不错。可惜有一点我们不太满意，就是学费太高了，所以我们还拿不定主意。

38．朋友介绍的学校有什么优点？

39．他们为什么还没决定？

第 40 到 41 题是根据下面一段话：

一次聊天儿中，奶奶给我讲了她和爷爷的爱情故事。当时他们俩毕业后，一个留在北京，一个去了外地，中间经历了很多困难才走到一起。听完后，我十分感动，决定把他们的故事写成小说，记下这段幸福的回忆。

40．说话人想写关于什么的小说？

41．说话人觉得那个故事怎么样？

第 42 到 43 题是根据下面一段话：

近日，几十位阅读爱好者发起了一场地铁阅读活动。虽然这些人互相并不认识，但对于读书的喜爱让他们聚到了一起。他们乘坐同一辆地铁，在一起专心读书，希望能以此引起人们对读书的重视。

42．关于参加活动的人，可以知道什么？

43．活动的目的是什么？

第 44 到 45 题是根据下面一段话：

以前，我总是把工作当作生活的全部，把结果和输赢看得特别重要，对自己要求很高，因此压力非常大。慢慢地我发现，做自己感兴趣的事情，不去想结果，偶尔给自己放个假，这才是真正积极健康的生活态度。

44．说话人以前为什么压力很大？

45．这段话主要谈的是什么？

听力考试现在结束。

试卷四答案

一、听 力

第一部分

1. ×   2. √   3. √   4. √   5. ×
6. ×   7. √   8. √   9. ×   10. ×

第二部分

11. A   12. B   13. D   14. C   15. D
16. A   17. C   18. B   19. A   20. D
21. A   22. B   23. C   24. B   25. C

第三部分

26. D   27. D   28. C   29. A   30. B
31. A   32. D   33. C   34. A   35. D
36. C   37. C   38. B   39. A   40. A
41. B   42. C   43. D   44. D   45. B

二、阅 读

第一部分

46. E   47. F   48. C   49. A   50. B
51. F   52. E   53. B   54. A   55. D

第二部分

56. CBA   57. BAC   58. BAC   59. CBA   60. ACB
61. BCA   62. ACB   63. CAB   64. ACB   65. CBA

第三部分

66. B   67. B   68. A   69. A   70. B
71. D   72. C   73. C   74. D   75. A
76. C   77. D   78. B   79. C   80. D
81. B   82. C   83. D   84. A   85. D

三、书 写

第一部分

86. 小孙子咳嗽得非常严重。

87. 我比上个月稍微轻了点儿。

88. 他用光了所有的力气。

89. 我拒绝跟叔叔道歉。

90. 高速公路上禁止随便停车。

91. 跑 100 米我至少需要 15 秒。/ 我至少需要 15 秒跑 100 米。

92. 您的条件不符合招聘要求。

93. 我收到了一封来自国外的信。

94. 事情的发展让他感到很吃惊。

95. 大部分顾客都被较低的价格吸引了。

第二部分

（参考答案）

96. 这个箱子太重了。

97. 我来把这些衣服收拾一下。

98. 她每天都坚持写日记。

99. 镜子挂在这里怎么样？

100. 他们已经讨论了很久。

孔子学院总部/国家汉办
Confucius Institute Headquarters(Hanban)

汉语水平考试
HSK（四级）

试 卷 五

注　　意

一、HSK（四级）分三部分：

    1．听力（45题，约30分钟）

    2．阅读（40题，40分钟）

    3．书写（15题，25分钟）

二、听力结束后，有5分钟填写答题卡。

三、全部考试约105分钟（含考生填写个人信息时间5分钟）。

中国　北京　　　　　　　　　　孔子学院总部/国家汉办　编制

一、听　力

第一部分

第 1-10 题：判断对错。

例如：我想去办个信用卡，今天下午你有时间吗？陪我去一趟银行？

　　★ 他打算下午去银行。　　　　　　　　　　（ √ ）

　　　现在我很少看电视，其中一个原因是，广告太多了。不管什么时间，也不管什么节目，只要你打开电视，总能看到那么多的广告，浪费我的时间。

　　★ 他喜欢看电视广告。　　　　　　　　　　（ × ）

1．★ 那位小姐想买沙发。　　　　　　　　　　（　　）

2．★ 女儿要过生日了。　　　　　　　　　　　（　　）

3．★ 小林会跳民族舞。　　　　　　　　　　　（　　）

4．★ 要修高速公路了。　　　　　　　　　　　（　　）

5．★ 他现在仍然不习惯吃上海菜。　　　　　　（　　）

6．★ 使用时不会出现任何问题。　　　　　　　（　　）

7．★ 万大夫没空儿给姐姐看病。　　　　　　　（　　）

8．★ 弟弟考上了大学。　　　　　　　　　　　（　　）

9．★ 互联网为人们购物提供了更多选择。　　　（　　）

10．★ 朋友在海边长大。　　　　　　　　　　　（　　）

第二部分

第 11-25 题：请选出正确答案。

例如： 女：该加油了，去机场的路上有加油站吗？

男：有，你放心吧。

问：男的主要是什么意思？

A 去机场　　　B 快到了　　　C 油是满的　　　D 有加油站 √

11. A 抽烟了　　　B 发烧了　　　C 太冷了　　　D 被辣到了

12. A 哥哥　　　B 叔叔　　　C 爸爸　　　D 邻居

13. A 教室　　　B 办公室　　　C 打印店　　　D 校长室

14. A 逛街　　　B 散步　　　C 看表演　　　D 租自行车

15. A 宾馆　　　B 烤鸭店　　　C 眼镜店　　　D 图书馆

16. A 没请假　　　B 护照丢了　　　C 飞机起飞了　　　D 航班推迟了

17. A 脏了　　　B 破了　　　C 太旧了　　　D 推不开了

18. A 个子高　　　B 力气大　　　C 很粗心　　　D 做事积极

19. A 很无聊　　　B 很好看　　　C 很难懂　　　D 语言幽默

20. A 做汤　　　B 洗碗筷　　　C 拿勺子　　　D 洗葡萄

21. A 邮局　　　　B 银行　　　　C 医院　　　　D 大使馆

22. A 生意　　　　B 暑假活动　　　C 约会地点　　　D 参观长城

23. A 爱热闹　　　B 会踢足球　　　C 经历丰富　　　D 钢琴弹得好

24. A 不够苦　　　B 值得买　　　C 有点儿酸　　　D 喝了难受

25. A 被骗了　　　B 很优秀　　　C 申请被拒绝　　　D 在申请留学

第三部分

第 26-45 题：请选出正确答案。

例如：男：把这个材料复印五份，一会儿拿到会议室发给大家。

女：好的。会议是下午三点吗？

男：改了，三点半，推迟了半个小时。

女：好，六〇二会议室没变吧？

男：对，没变。

问：会议几点开始？

A 14：00　　　B 15：00　　　C 15：30 √　　　D 18：00

26.　A 护士　　　B 导游　　　C 医生　　　D 演员

27.　A 钥匙　　　B 雨伞　　　C 证明信　　　D 邀请信

28.　A 太重　　　B 借人了　　　C 来不及带　　　D 出差时间短

29.　A 超市　　　B 房间里　　　C 街道上　　　D 公共汽车上

30.　A 很香　　　B 叶子很厚　　　C 喜欢阴凉　　　D 很少开花

31.　A 旅游　　　B 结婚　　　C 办签证　　　D 学画画儿

32.　A 手表　　　B 传真　　　C 电脑　　　D 冰箱

33.　A 生病了　　　B 起晚了　　　C 太累了　　　D 以为没课

34.　A 司机　　　B 警察　　　C 售货员　　　D 理发师

35. A 郊区　　　　　B 公司对面　　　C 地铁附近　　　D 学校旁边

36. A 减轻压力　　　B 使人冷静　　　C 提高判断力　　D 认识新朋友

37. A 自信　　　　　B 坚持练习　　　C 观看比赛　　　D 找老师教

38. A 很奇怪　　　　B 很复杂　　　　C 让人失望　　　D 让人感动

39. A 同情大人　　　B 想当记者　　　C 是个小作家　　D 翻译了很多书

40. A 儿童　　　　　B 亲戚　　　　　C 不熟悉的人　　D 脾气差的人

41. A 用词要准确　　B 笑话要短小　　C 说话要流利　　D 故事不要太假

42. A 学车困难　　　B 无法管理　　　C 环境污染　　　D 油价越来越高

43. A 少开空调　　　B 少用塑料袋　　C 不乱扔垃圾　　D 乘坐公共交通

44. A 有名的　　　　B 聪明的　　　　C 优点多的　　　D 什么都不做的

45. A 让人提醒　　　B 打好基础　　　C 按照规定做　　D 从错误中学习

二、阅 读

第一部分

第 46-50 题：选词填空。

A 整理　　B 猜　　C 叶子　　D 坚持　　E 千万　　F 适应

例如：她每天都（　D　）走路上下班，所以身体一直很不错。

46．昨天学校举行了春季运动会，你（　　　）哪个班成绩最好？

47．有的动物会通过改变皮肤颜色来（　　　）周围的环境。

48．这儿有水果，还有巧克力，想吃什么自己拿，（　　　）别客气。

49．秋天到了，温度一天天降低，树上的（　　　）也开始掉落了。

50．这么多材料，一天怎么可能全部（　　　）完啊？

第 51–55 题：选词填空。

A 密码　　B 学期　　C 温度　　D 表示　　E 流利　　F 鼓励

例如：A：今天真冷啊，好像白天最高（　C　）才2℃。

　　　B：刚才电视里说明天更冷。

51．A：你刚刚这个动作是什么意思？

　　　B：在我们国家，它（　　　）"你很棒"。

52．A：你这（　　　）的课多吗？

　　　B：不多，主要是几门数学方面的基础课。

53．A：你电脑的（　　　）是多少？我想用一下。

　　　B：是我手机号码的后六位。

54．A：祝你演出成功，加油！

　　　B：谢谢你的（　　　），我会努力的！

55．A：真羡慕你，能说一口（　　　）的汉语。

　　　B：只要平时多练习，你也可以的。

第二部分

第 56-65 题：排列顺序。

例如：A 可是今天起晚了

　　　B 平时我骑自行车上下班

　　　C 所以就打车来公司　　　　　　　　　　　　B A C

56. A 再仔细检查一遍

　　 B 尤其是答案和姓名，看看是不是都写上了

　　 C 大家注意一下，考试时间还剩十分钟　　　　_____

57. A 我星期日早上遇到房东了

　　 B 就看到他上了一辆出租车，好像很着急的样子

　　 C 刚想跟他打个招呼　　　　　　　　　　　　_____

58. A 开车过去要一个小时，而且中午很可能需要排队

　　 B 但它在郊区

　　 C 那家饭店虽然饭菜味道不错　　　　　　　　_____

59. A 我都会回忆起那时既紧张又愉快的生活

　　 B 这个盒子里存放着我高中所有的照片

　　 C 每次打开它　　　　　　　　　　　　　　　_____

60. A 我们原计划在八月底完成这个工作

   B 速度之快让其他同事都很吃惊

   C 结果却提前了差不多一个月 _____

61. A 把其中的字换个顺序排列

   B 汉语中有些词语特别有趣

   C 意思可能就变了,比如"白雪"和"雪白" _____

62. A 到商场一层服务窗口取回,谢谢

   B 请您在听到广播后

   C 有哪位顾客丢了一个红色的钱包 _____

63. A 例如,每天让西红柿"听"三个小时这样的音乐

   B 报纸上说,轻松、活泼的音乐可以让植物长得更快

   C 它们竟然可以长到一公斤重 _____

64. A 昨晚妹妹发短信给我

   B 最后还让我和妈妈不要为她担心

   C 说她一切都很顺利 _____

65. A 但对于这个选择我从没有后悔过

   B 大二的时候才转到经济学院学习

   C 我原来的专业是法律 _____

第三部分

第66-85题：请选出正确答案。

例如：她很活泼，说话很有趣，总能给我们带来快乐，我们都很喜欢和她在
一起。

　　★ 她是个什么样的人？

　　A 幽默 √　　　B 马虎　　　　C 骄傲　　　　D 害羞

66. 无论走到哪里，有中国人的地方好像永远都少不了饺子。它常与一种感情
联系在一起，会让中国人看了就想起家来。

　　★ 中国人看到饺子会：

　　A 想家　　　　　B 想笑　　　　C 不怕困难　　D 忘掉烦恼

67. 海洋中生活着一种很特别的鱼，叫飞鱼。它能够跳出海面飞行40多秒，最
远能飞400多米。

　　★ 关于飞鱼，可以知道：

　　A 很轻　　　　　B 很友好　　　C 能飞几百米　D 数量在减少

68. 您好！先生，我们正在做一个关于购物习惯的调查，您能帮忙填下表格吗？
不会麻烦您太久的，填完我们还会送您一份小礼物。

　　★ 那个调查是关于什么的？

　　A 爱情　　　　　B 购物习惯　　C 收入情况　　D 阅读时长

69. 小时候我常在日记中写将来要做的事情。比如将来我要成为一个律师，将来
我要去世界各地看看等等。可惜，等将来真的到来时，我才发现自己做到的
很少。所以，光说是没有用的，有了理想就要向着它努力。

　　★ 上文告诉我们要：

　　A 多赚钱　　　　B 学会放弃　　C 相信自己　　D 为理想努力

70. 别喝这种饮料，越喝越渴。你出了这么多汗，最好喝点儿加了盐的水或饮料，这样对身体好。

★ 出汗后可以喝：

A 茶　　　　　　B 啤酒　　　　　C 果汁　　　　　D 加盐的水

71. 尽管我和小雪的性格很不一样，对很多问题的看法也不同，但这并没有影响我们的友谊。相反，我们还互相学到了很多。

★ 她和小雪：

A 在减肥　　　　B 都爱旅行　　　C 性格不同　　　D 都喜欢打扮

72. 各位旅客，火车马上就要到北京站了。有需要上卫生间的旅客，请您在进站前使用，再过十五分钟，卫生间将停止使用。感谢您的理解和支持。

★ 进站后，厕所将：

A 停水　　　　　B 进行打扫　　　C 继续使用　　　D 禁止使用

73. 你们俩之所以有误会，是因为你们有不同的意见却不愿意说出来。你们俩最好抽时间谈一谈，把误会说清楚，以后再遇到问题时，应该及时商量。

★ 说话人认为他们应该：

A 诚实勇敢　　　B 互相道歉　　　C 少些怀疑　　　D 解释误会

74. 你们看地图，有两条路可以通往山上。左边这条路虽然长一些，但危险性低，更适合下山。所以我建议从右边上山，左边下山，你们觉得怎么样？

★ 左边那条路：

A 更安全　　　　B 没路灯　　　　C 景色美丽　　　D 不会迷路

75. 有些人喜欢严格要求别人，然而对自己的要求却会稍微放松一些。当我们要求别人时，最好想一想，如果换成自己来做，是否也能获得自己要求的效果。这样也许我们就更能理解别人了。

★ 要求别人时，不应该：

A 不热情　　　　B 不礼貌　　　　C 太严格　　　　D 缺少耐心

76. 我常常陪爷爷、奶奶看京剧，慢慢地，我对京剧、对中国艺术有了很大的兴趣。因此，大学毕业后我选择了和文化有关的工作。

   ★ 说话人对什么感兴趣？

      A 中国艺术   B 中国功夫   C 自然科学   D 国际关系

77. 毛毛，你交的报名表不符合要求，照片大小不对，而且表格不能用铅笔填写，你再重新交一份吧。

   ★ 毛毛的报名表哪里不符合要求？

      A 没写名字   B 照片大小   C 不够详细   D 少了一页

78. 年底了，公司要开总结大会，各地分公司的负责人都会参加。公司十分重视这次会议，最近大家都在加班整理手中的任务，准备总结，很少能按时下班。

   ★ 大家最近：

      A 总迟到   B 常常聚会   C 经常加班   D 收到了奖金

79. 张家界国家森林公园是中国第一个国家森林公园，也是著名的旅游景点之一，距离市区只有32公里。由于公园内有很多树，因此空气新鲜，夏季凉快，冬季暖和，让人感觉十分舒服。

   ★ 张家界国家森林公园：

      A 很安静   B 门票免费   C 空气很好   D 不允许照相

80-81.

   研究发现，学习结束半个小时之后，学过的内容有40%左右都会被忘记，所以及时复习非常重要。另外，多次短时复习比长时间复习的效果要好，就是说每天进行三次十分钟的复习，比每天用30分钟复习一次的效果更好。

   ★ 根据上文，如果不及时复习，可能会：

      A 忘记知识   B 受到批评   C 得不到表扬   D 越学越辛苦

   ★ 什么样的复习方式比较有效？

      A 边看边写   B 短时多次   C 只看重点   D 与同学讨论

82-83.

"你对无人汽车怎么看？""你最近读过什么文章吗？"在一场招聘会上，很多毕业生遇到了这样的问题。在这场招聘会上，80%以上的公司不再把"职业技术""工作经验"等当作必要条件，而是把"交流能力"当成招聘的新要求。"会不会聊天儿已经成为许多公司对应聘者的普遍要求。"一位公司负责人说。

★ 根据上文，以前的招聘条件中可能会有什么要求？

    A 硕士毕业   B 态度认真   C 普通话标准   D 有工作经验

★ 现在公司招聘更重视：

    A 年龄   B 性别   C 交流能力   D 教育水平

84-85.

近年来，餐厅之间的竞争越来越厉害。商家们为吸引顾客，想出了各种办法。过去最常用的方法是降低价格，但随着材料价格提高，低价带来的结果往往是饭菜质量下降。于是，现在很多餐厅开始在用餐环境和服务上做改变，希望通过有趣的用餐环境和优质的服务吸引顾客。

★ 降价可能会影响：

    A 顾客心情   B 饭菜质量   C 餐厅卫生   D 服务员工资

★ 现在餐厅在哪方面有改变？

    A 用餐环境   B 节约用纸   C 付款方式   D 广告内容

三、书 写

第一部分

第 86–95 题：完成句子。

例如：那座桥　　800 年的　　历史　　有　　了

　　　　那座桥有 800 年的历史了。 _____

86. 站了　　起来　　观众们　　激动地

87. 没有人　　意见　　他的　　反对

88. 垃圾　　客厅的地上　　都是　　到处

89. 你能　　当时的　　谈谈　　情况　　吗

90. 一万字　　这篇　　文章　　大约有

91. 我们对　　发展　　很　　公司的　　有信心

92. 请　　先　　说明书　　阅读　　使用前

93. 这只　　刚出生　　小老虎　　一个月

94. 关教授的　　地址　　我好像　　把　　写错了

95. 是　　地球　　我们每个人的　　保护　　责任

第二部分

96-100题：看图，用词造句。

例如： 乒乓球 她很喜欢打乒乓球。

96. 敲

97. 零钱

98. 寄

99. 兴奋

100. 占线

试卷五听力材料

（音乐，30秒，渐弱）

大家好！欢迎参加 HSK（四级）考试。
大家好！欢迎参加 HSK（四级）考试。
大家好！欢迎参加 HSK（四级）考试。

HSK（四级）听力考试分三部分，共 45 题。
请大家注意，听力考试现在开始。

第一部分

一共 10 个题，每题听一次。

例如：我想去办个信用卡，今天下午你有时间吗？陪我去一趟银行？
　　　★ 他打算下午去银行。

　　　现在我很少看电视，其中一个原因是，广告太多了。不管什么时间，也不管什么节目，只要你打开电视，总能看到那么多的广告，浪费我的时间。
　　　★ 他喜欢看电视广告。

现在开始第 1 题：

1. 抱歉，小姐，我们店的家具本来就不贵，这个沙发真的不能再打折了。
　　★ 那位小姐想买沙发。

2. 女儿说要送你一份生日礼物，但究竟送什么她没说，只是说你肯定会非常喜欢。
　　★ 女儿要过生日了。

3. 小林民族舞跳得特别棒，学校网站上就有她的表演，非常精彩，你可以找来看看。
　　★ 小林会跳民族舞。

4. 听说高速公路马上要修到咱们这儿了，到时候从家去机场只要半个小时，比现在快好几倍呢。
　　★ 要修高速公路了。

5. 我是北方人，喜欢吃咸的东西。但上海菜很多都是甜的，刚到上海时，我很不习惯，后来才慢慢适应的。
   ★ 他现在仍然不习惯吃上海菜。

6. 在使用过程中，您有任何问题，都可以联系我们的客服，我们保证会在二十四小时内为您解决问题。
   ★ 使用时不会出现任何问题。

7. 姐，你完全不用担心。万大夫是医学博士，经验丰富，他一定能帮你看好眼睛的。
   ★ 万大夫没空儿给姐姐看病。

8. 弟弟平时成绩很一般，但没想到他竟然考上了一个很不错的大学，这个消息让我们一家人都非常开心。
   ★ 弟弟考上了大学。

9. 网上购物已经被越来越多的人接受，这种购物方式信息量大，选择更多，人们在家中就能买到全国各地甚至国外的东西。
   ★ 互联网为人们购物提供了更多选择。

10. 当听到朋友说他从没见过真正的大海时，我非常吃惊，也有些骄傲，因为对于在海边长大的我来说，看海是件再普通不过的事了。
    ★ 朋友在海边长大。

第二部分

一共 15 个题，每题听一次。

例如：女：该加油了，去机场的路上有加油站吗？
　　　男：有，你放心吧。
　　　问：男的主要是什么意思？

现在开始第 11 题：

11. 男：你怎么咳嗽得这么厉害？感冒了？
　　女：不是，刚才不小心吃到辣的了。
　　问：女的为什么咳嗽？

12. 女：你羽毛球打得真棒！学了很长时间吧？
　　男：是，我爸爸原来是体育老师，专门教学生打羽毛球，我从小就跟着他学。
　　问：男的是跟谁学的打羽毛球？

13. 男：高教授不在办公室吗？
    女：他在三〇九教室，正跟学生讨论问题呢。
    问：高教授现在在哪儿？

14. 女：这个公园太大了，我们租辆自行车吧，边骑边逛。
    男：行。那我们得先回入口处，那里有租自行车的地方。
    问：他们想要做什么？

15. 男：你好！请问北京烤鸭店在这附近吗？
    女：对，你往这个方向走，大约一百米就到了。
    问：男的要去哪儿？

16. 女：怎么办？航班又推迟了一个小时，我们恐怕不能准时到了。
    男：别着急，我先打电话跟经理说一下。
    问：女的为什么着急？

17. 男：窗户该擦了吧？有点儿脏了。
    女：是啊，最近太忙了，实在没时间收拾。
    问：窗户怎么了？

18. 女：这两箱矿泉水这么重，小张一个人能搬得动吗？
    男：放心吧，别看他那么瘦，其实力气大着呢。
    问：关于小张，可以知道什么？

19. 男：这本小说写得不错，最近刚刚获奖，你读过吗？
    女：当然，我看过好几遍呢，我很喜欢那个作者，他的书我几乎都买了。
    问：男的觉得那本小说怎么样？

20. 女：你肚子饿的话，可以先吃点儿饼干，我去厨房看看汤好了没。
    男：没事，我不饿。你需要我帮忙吗？
    问：女的去厨房干什么？

21. 男：没什么问题，不用打针，我给你开点儿药就行。
    女：好的，谢谢大夫。是在一楼交钱取药吧？
    问：他们最可能在哪儿？

22. 女：喂，我正好要给你打电话呢，你就打过来了。
    男：是吗？我找你是想商量一下暑假社会活动的事。
    问：男的找女的商量什么？

23. 男：听说小东在省里举办的钢琴比赛中得了第一名。
    女：对，这事还上了新闻呢。
    问：关于小东，可以知道什么？

24. 女：这种咖啡好喝吗？

    男：奶和糖太多了，我还是喜欢苦一点儿的。

    问：男的觉得咖啡怎么样？

25. 男：你申请留学的事情怎么样了？

    女：还没正式出结果，至少要再等一周吧，但我估计通过的希望很大。

    问：关于女的，可以知道什么？

第三部分

一共 20 个题，每题听一次。

例如：男：把这个材料复印五份，一会儿拿到会议室发给大家。

    女：好的。会议是下午三点吗？

    男：改了，三点半，推迟了半个小时。

    女：好，六〇二会议室没变吧？

    男：对，没变。

    问：会议几点开始？

现在开始第 26 题：

26. 女：我终于面试成功了！

    男：是上次你说的那份护士工作吗？

    女：是的，医院这次只要三个人，但一共有七十人参加应聘呢。

    男：你真厉害！祝贺你！

    问：女的应聘的是哪个工作？

27. 男：儿子呢？已经出发了吗？

    女：他刚离开，怎么了？

    男：他忘记带雨伞了，下午有雨。

    女：他应该还没上车，你现在赶过去还来得及。

    问：儿子忘记带什么了？

28. 女：你没拿行李吗？

    男：就出差两天，我只拿了两件换洗衣服和几双袜子，没带箱子。

    女：那你快去换登机牌吧，我在这边等你。

    男：我已经打印好了，一会儿直接登机就行。

    问：男的为什么不带箱子？

29. 男：阿姨，这儿有空座位，您过来坐吧。
    女：没关系，我还有两站就到了。
    男：车上人多，您提了这么多东西，还是坐下吧。
    女：好的，谢谢你，小伙子。
    问：他们最可能在哪儿？

30. 女：这些植物叶子厚厚的，真可爱。
    男：这叫多肉植物，你要是喜欢，我可以送你一棵。
    女：照顾它会不会很麻烦？
    男：不会，有水有阳光就行。
    问：关于那些植物，下列哪个正确？

31. 男：你放假有什么安排？
    女：我打算和父母去旅游。你有什么好主意吗？
    男：我去年去了趟云南，那里气候好，景色也很美。
    女：听起来很不错，我考虑考虑。
    问：女的放假要做什么？

32. 女：师傅，我的笔记本电脑坏了，您帮我看看。
    男：你这台电脑用好几年了吧？
    女：确实是，但一直都没出过问题。
    男：我检查一下到底是哪里坏了。
    问：女的要修理什么？

33. 男：你第一节课怎么没来？
    女：我起晚了。上节课老师讲了什么内容？
    男：学了几个新词，一会儿要讲语法，你可以先预习一下。
    女：好的，谢谢。
    问：女的为什么没上第一节课？

34. 女：这个颜色店里暂时没有，要等几天才能到货。
    男：大概要多久？
    女：最早也要礼拜天。您可以留下联系方式，到了我们通知您。
    男：好的。
    问：女的最可能做什么工作？

35. 男：听说你要买房子，选好了吗？
    女：没有。看了几个都不合适，不是离公司太远就是价格太贵，还没决定。
    男：你可以看看地铁附近的房子，交通方便，远一点儿也没关系。
    女：好，我这周末再看看。
    问：男的建议女的在哪里买房？

第 36 到 37 题是根据下面一段话：

网球是一种很流行的运动，它不仅能锻炼身体，还能帮助人们减轻工作或学习上的压力，因此受到很多人的喜爱。不过要想将网球打好却不容易，技术、速度和力气一样都不能少，而这需要长时间的练习和积累。

36．打网球有什么好处？
37．要想打好网球需要怎么做？

第 38 到 39 题是根据下面一段话：

一个八岁的女孩儿写了本书。记者问她："你长大后想做什么？"她不高兴地回答："你的想法真奇怪。我为什么要等到长大后才做什么？我现在就是个作家呀。"

38．女孩儿觉得记者的问题怎么样？
39．关于女孩儿，可以知道什么？

第 40 到 41 题是根据下面一段话：

笑话人人都爱听，但要讲好一定要知道"三不三要"。一不和不熟的人开玩笑；二不笑别人的短处；三不笑他人的伤心事。"三要"是说，一要简单短小；二要找对听众，老人感兴趣的，孩子不一定喜欢；三要给人留下印象，而不是让人笑过就忘了。

40．不应该和哪种人开玩笑？
41．根据这段话，下列哪个正确？

第 42 到 43 题是根据下面一段话：

汽车数量越来越多，由此带来的环境问题也引起了人们的重视。开车一方面会带来交通问题，严重的堵车将影响人们的出行；另一方面也会使空气质量变差，影响人们的健康。为了能有更好的生活环境，我们应该多选择公共交通出行，少开车。

42．汽车数量增多会带来什么问题？
43．这段话告诉我们应该怎么做？

第 44 到 45 题是根据下面一段话：

有位名人说过："只有什么事都不做的人才不会出错。"对于错误，不用害怕，每个人都有缺点，都会出现这样或那样的错误。失败是成功之母，如果你每次都能从错误中学到一点儿东西，那么你的错误就会越来越少，离成功也就不远了。

44．根据名人的话，什么样的人不会出错？
45．怎样才能让错误越来越少？

听力考试现在结束。

试卷五答案

一、听 力

第一部分

| 1. √ | 2. × | 3. √ | 4. √ | 5. × |
| 6. × | 7. × | 8. √ | 9. √ | 10. × |

第二部分

11. D	12. C	13. A	14. D	15. B
16. D	17. A	18. B	19. B	20. A
21. C	22. B	23. D	24. A	25. D

第三部分

26. A	27. B	28. D	29. D	30. B
31. A	32. C	33. B	34. C	35. C
36. A	37. B	38. A	39. C	40. C
41. B	42. C	43. D	44. D	45. D

二、阅 读

第一部分

| 46. B | 47. F | 48. E | 49. C | 50. A |
| 51. D | 52. B | 53. A | 54. F | 55. E |

第二部分

| 56. CAB | 57. ACB | 58. CBA | 59. BCA | 60. ACB |
| 61. BAC | 62. CBA | 63. BAC | 64. ACB | 65. CBA |

第三部分

66. A	67. C	68. B	69. D	70. D
71. C	72. D	73. D	74. A	75. C
76. A	77. B	78. C	79. C	80. A
81. B	82. D	83. C	84. B	85. A

三、书 写

第一部分

86. 观众们激动地站了起来。
87. 没有人反对他的意见。/ 他的意见没有人反对。
88. 客厅的地上到处都是垃圾。
89. 你能谈谈当时的情况吗？/ 当时的情况你能谈谈吗？
90. 这篇文章大约有一万字。
91. 我们对公司的发展很有信心。
92. 使用前请先阅读说明书。
93. 这只小老虎刚出生一个月。
94. 我好像把关教授的地址写错了。
95. 保护地球是我们每个人的责任。

第二部分

（参考答案）

96. 我敲了好几下，也没人来开门。
97. 我钱包里只有这些零钱了。
98. 她收到了朋友寄来的信。
99. 得了第一名，他非常兴奋。
100. 王经理的电话怎么一直占线？

汉 语 水 平 考 试 HSK（四级）答题卡

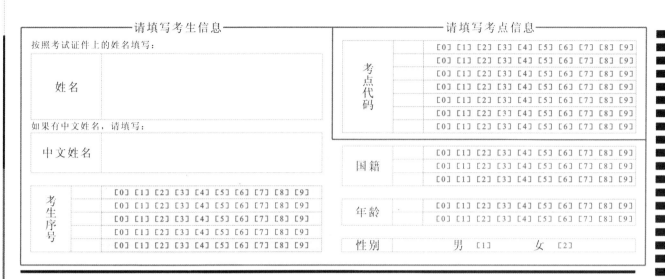

注意　　请用 2B 铅笔这样写：■

一、听力

1. [√] [×]
2. [√] [×]
3. [√] [×]
4. [√] [×]
5. [√] [×]

6. [√] [×]
7. [√] [×]
8. [√] [×]
9. [√] [×]
10. [√] [×]

11. [A] [B] [C] [D]
12. [A] [B] [C] [D]
13. [A] [B] [C] [D]
14. [A] [B] [C] [D]
15. [A] [B] [C] [D]

16. [A] [B] [C] [D]
17. [A] [B] [C] [D]
18. [A] [B] [C] [D]
19. [A] [B] [C] [D]
20. [A] [B] [C] [D]

21. [A] [B] [C] [D]
22. [A] [B] [C] [D]
23. [A] [B] [C] [D]
24. [A] [B] [C] [D]
25. [A] [B] [C] [D]

26. [A] [B] [C] [D]
27. [A] [B] [C] [D]
28. [A] [B] [C] [D]
29. [A] [B] [C] [D]
30. [A] [B] [C] [D]

31. [A] [B] [C] [D]
32. [A] [B] [C] [D]
33. [A] [B] [C] [D]
34. [A] [B] [C] [D]
35. [A] [B] [C] [D]

36. [A] [B] [C] [D]
37. [A] [B] [C] [D]
38. [A] [B] [C] [D]
39. [A] [B] [C] [D]
40. [A] [B] [C] [D]

41. [A] [B] [C] [D]
42. [A] [B] [C] [D]
43. [A] [B] [C] [D]
44. [A] [B] [C] [D]
45. [A] [B] [C] [D]

二、阅读

46. [A] [B] [C] [D] [E] [F]
47. [A] [B] [C] [D] [E] [F]
48. [A] [B] [C] [D] [E] [F]
49. [A] [B] [C] [D] [E] [F]
50. [A] [B] [C] [D] [E] [F]

51. [A] [B] [C] [D] [E] [F]
52. [A] [B] [C] [D] [E] [F]
53. [A] [B] [C] [D] [E] [F]
54. [A] [B] [C] [D] [E] [F]
55. [A] [B] [C] [D] [E] [F]

56.

57.

58.

59.

60.

61.

62.

63.

64.

65.

66. [A] [B] [C] [D]
67. [A] [B] [C] [D]
68. [A] [B] [C] [D]
69. [A] [B] [C] [D]
70. [A] [B] [C] [D]

71. [A] [B] [C] [D]
72. [A] [B] [C] [D]
73. [A] [B] [C] [D]
74. [A] [B] [C] [D]
75. [A] [B] [C] [D]

76. [A] [B] [C] [D]
77. [A] [B] [C] [D]
78. [A] [B] [C] [D]
79. [A] [B] [C] [D]
80. [A] [B] [C] [D]

81. [A] [B] [C] [D]
82. [A] [B] [C] [D]
83. [A] [B] [C] [D]
84. [A] [B] [C] [D]
85. [A] [B] [C] [D]

86-100题接背面

三、书写

86.

87.

88.

89.

90.

91.

92.

93.

94.

95.

96.

97.

98.

99.

100.

不要写到框线以外！